À la trace

978-2-85061-019-6

Olivier Tesquet

À la trace

Premier Parallèle

« Il ne peut entrer dans l'esprit de personne que la nature ait mis quiconque en servitude, puisqu'elle nous a tous mis en compagnie. »

Étienne de LA BOÉTIE (1576)

« Discipline
Discipline
I want some discipline in here. »

Throbbing Gristle (1981)

Introduction

« Penses-y bien : lorsqu'on t'offre une montre, on t'offre un petit enfer fleuri, une chaîne de roses, une geôle d'air. [...] On t'offre – on l'ignore, le plus terrible c'est qu'on l'ignore –, on t'offre un nouveau morceau fragile et précaire de toi-même, une chose qui est toi, mais qui n'est pas ton corps, qu'il te faut attacher à ton corps par son bracelet comme un petit bras désespéré agrippé à ton poignet. On t'offre la nécessité de la remonter tous les jours, l'obligation de la remonter pour qu'elle continue à être une montre ; on t'offre l'obsession de vérifier l'heure aux vitrines des bijoutiers, aux annonces de la radio, à l'horloge parlante. On t'offre la peur de la perdre, de te la faire voler, de la laisser tomber et de la casser. On t'offre sa marque, et l'assurance que c'est une marque meilleure que les autres, on t'offre la tentation de comparer ta montre aux autres montres. On ne t'offre pas une montre, c'est toi le cadeau, c'est toi qu'on offre pour l'anniversaire de la montre. »

Julio CORTÁZAR, *Cronopes et Fameux* (1962)

Septembre 1991. Dans le magazine *Scientific American*, Mark Weiser théorise « l'ordinateur du XXIe siècle ». Depuis trois ans, l'ingénieur en chef du centre de recherche de Xerox, à Palo Alto – cœur battant de la Silicon Valley où l'on pense l'avenir au-delà des photocopieurs maison –, peaufine le concept d'informatique ubiquitaire. Alors qu'Apple vient d'imposer les standards esthétiques de l'ordinateur portable avec sa gamme PowerBook, le chercheur dégarni et sa silhouette débonnaire habitent déjà un futur liquéfié. « Les technologies les plus abouties sont celles qui disparaissent », écrit-il d'entrée de jeu, avec la conviction de celui qui jette les bases d'un manifeste : « Elles se tissent dans la trame de notre quotidien jusqu'à s'y fondre complètement[1]. » Dans la vision de Weiser, les équipements électroniques de la vie courante communiquent par l'intermédiaire de capteurs infrarouges, traitent l'information grâce à la radio-fréquence et s'entremêlent à tel point que bientôt, « plus personne ne remarquera leur présence ». Weiser, décédé précocement d'un cancer en 1999, ne sera plus de ce monde pour assister à la distribution de l'amulette universelle de l'informatique ubiquitaire : le premier

1. Mark Weiser, « The Computer for the 21st Century », *Scientific American*, septembre 1991.

iPhone, lancé en 2007. Il ne sera pas non plus témoin des effets de son intuition.

Vous souvenez-vous de la dernière fois que vous avez demandé l'heure à un passant ? Au siècle dernier, ou peut-être plus récemment, parce que vous aviez oublié votre téléphone. Un objet en chassant un autre, le portable, cette prothèse qu'on porte sur soi, en prolongement de soi, a rendu la montre superfétatoire, et on n'investit plus dans une Omega ancienne que pour diverses considérations patrimoniales. Deux fétiches, deux époques, mais le même outil, largement démocratisé, d'émancipation et d'ascension sociale. Quand l'une rend maître de son temps, l'autre prétend libérer l'imagination en rendant l'information accessible partout, tout le temps. Mais ce sont aussi deux dispositifs aliénants[2]. Ils s'inscrivent dans une relation de pouvoir – sur nos corps – et imposent l'obligation d'être ponctuel, d'être joignable, de répondre aux injonctions du monde, de consulter l'heure et le reste. Le temps doit être consommé. Depuis le XIXe siècle, on peut même dire que le capitalisme « a besoin du plein emploi du temps[3] » plus que des individus. Car montre ou smartphone, le temps, c'est de l'argent. « L'argent de l'employeur[4] », compléterait

2. Il faut ici comprendre le dispositif au sens du philosophe italien Giorgio Agamben : « Tout ce qui a, d'une manière ou d'une autre, la capacité de capturer, d'orienter, de déterminer, d'intercepter, de modeler, de contrôler et d'assurer les gestes, les conduites, les opinions et les discours des êtres vivants », *Qu'est-ce qu'un dispositif ?*, Payot, 2007.

3. Michel Foucault, leçon du 21 mars 1973 au Collège de France.

4. Edward Palmer Thompson, *Temps, discipline du travail et capitalisme industriel*, La Fabrique, 2004.

l'historien britannique Edward Thompson, scribe de la classe ouvrière anglaise. Cette analogie est moins triviale qu'il n'y paraît. Prescrit par nécessité économique, le temps rationalisé – le temps des marchands, par opposition au temps de l'Église – est le premier des dispositifs de surveillance insaisissables, et le chronographe, « une pièce de machinerie dont les produits sont les minutes et les secondes », selon la formule de Lewis Mumford, le grand historien américain des techniques. Si nos sociétés occidentales orientées vers la tâche vont jusqu'à déterminer scientifiquement la durée de la *power nap* – la sieste éclair de cinq minutes –, d'autres organisations que la nôtre ont pu saucissonner la vie autrement : dans le Chili colonial, par exemple, on découpait le temps en oraisons, les fréquentes secousses sismiques se comptaient en Credo et la cuisson des œufs en *Ave Maria*[5]. Bien sûr, on garde la montre précieusement, on la lègue, au besoin on la met au clou, quand le smartphone, écoulé à 1,5 milliard d'exemplaires en 2018, est un produit marketing périssable à l'obsolescence programmée. Il ne s'inscrit dans aucune histoire familiale – imagine-t-on un seul instant un parent transmettre son iPhone usagé à sa progéniture comme s'il s'agissait d'un bijou ancien ? Pourtant, la filiation entre l'ancien et le nouveau dont il est ici question dessine une continuité idéologique et historique : hier, des industrialistes visionnaires géraient les horaires ; aujourd'hui, des

5. Eugenio Pereira Salas, « L'Évolution de la notion du temps et des horlogers à l'époque coloniale au Chili », *Annales*, 1966, p. 141-158.

entrepreneurs de l'immatériel administrent des « plateformes » et gouvernent l'information, qui n'est jamais qu'une économie de l'attention, c'est-à-dire de la confiscation du temps. Les divers modes « sommeil » ou « ne pas déranger » de nos machines à communiquer laissent peut-être penser que nous conservons une once d'autonomie. Mais en réalité, nous avons déjà perdu cette bataille de l'attention, en veille constante face à des stimuli trop nombreux pour qu'on puisse les traiter. En moyenne, un utilisateur lambda touche son smartphone 2 617 fois par jour[6]. 109 fois par heure. Près de deux fois par minute. Ici, un email plus ou moins sollicité. Là, la notification d'un fait divers dramatique, une alerte « push » plus proche du gavage que de la tape sur l'épaule. Plus loin, une photo Instagram, un post Facebook. Après avoir réussi à « connecter le monde » – 2,5 milliards d'utilisateurs actifs –, Mark Zuckerberg, son patron trentenaire, entend « rapprocher les gens », comme s'il s'agissait de particules voyageuses à domestiquer. Hors du champ lexical de la Silicon Valley, ces verbes ont tous le même synonyme : suivre. À la trace. Dans un texte court, mais notable, paru dans *L'Autre Journal* de Michel Butel en mai 1990, Gilles Deleuze introduisait la notion de « société de contrôle », soldant par là même la « société disciplinaire » de Michel Foucault, qui mène les individus d'un huis clos à un autre, de l'école à l'usine, de l'hôpital à la prison, chacun de ces milieux d'enfermement possédant ses propres règles. S'il estime la grille de lecture

6. Selon une étude réalisée en 2017 par la société Dscout.

pertinente pour analyser les transformations des XVIIIe et XIXe siècles, Deleuze affirme que le temps a achevé de dévorer l'espace, recomposant ces institutions en crise au sein d'un seul système, fluide et continu : « Dans les sociétés de discipline, on n'arrêtait pas de recommencer (de l'école à la caserne, de la caserne à l'usine), tandis que dans les sociétés de contrôle, on n'en finit jamais avec rien[7]. » C'est particulièrement vrai sur Facebook et ses filiales. On y dialogue avec ses amis, on y échange avec ses collègues, on like et on partage, mais surtout, on met son temps libre au service d'une compagnie qui, avant d'être le premier réseau social de la planète, est une gigantesque régie publicitaire. « Dans une société de contrôle, l'entreprise a remplacé l'usine, et l'entreprise est une âme, un gaz », écrit encore Deleuze, qui précède Zuckerberg de quatorze ans. De fait, les *data centers* de Facebook ne dorment jamais, pas plus que ses usagers, mis au travail jusque dans leur lit.

Si la montre est l'ancêtre du smartphone, l'horloge, elle, préfigure l'algorithme. Sir Ambrose Crowley, vieil autocrate britannique ayant accouché d'une constitution usinière pour ses fonderies dès 1700 afin de discipliner ses ouvriers, possède des horloges sous clé surveillées par des contremaîtres dociles[8] ; Mark Zuckerberg déploie (il n'est pas le seul) un algorithme claquemuré à double tour, administré par des ingénieurs à ses ordres. Dans les deux

7. Gilles Deleuze, « Post-scriptum sur les sociétés de contrôle », *L'Autre Journal*, mai 1990.

8. *The Law Books of the Crowley Ironworks*, Andrews Durham, 1957.

cas, il s'agit d'un outil de contrôle hiérarchique destiné à invisibiliser la main-d'œuvre, à la « mécaniser », tel que l'écrivait la militante socialiste et féministe Flora Tristan à l'occasion de ses *Promenades dans Londres*[9]. C'est le périmètre du prolétariat qui a changé : dans le capitalisme des plateformes, tous les utilisateurs sont mis au travail, dès lors que chacun d'entre eux est susceptible de générer de la valeur. « Si c'est gratuit, c'est vous le produit », consacre une formule populaire décrivant les contreparties cachées de la gratuité des services en ligne, notamment les réseaux sociaux. À vrai dire, si vous ne payez pas, c'est surtout que vous produisez – de la donnée – sans être rémunéré. Nous sommes persuadés de maîtriser la technologie ; elle nous contrôle en retour. La ritournelle commence à être connue. Mais tout se passe comme si ce paradoxe inhérent à la technique était décuplé par son déploiement ubiquitaire. Aujourd'hui, il ne viendrait à l'idée de personne de contester la toute-présence de l'informatique dans le cours de nos vies, littéralement programmées sous le double effet des appareils, toujours plus nombreux, et de l'algorithmie, qui les propulse. Conscients de l'invasion, mais incapables de l'empêcher, nous avons collectivement soldé les ambitions libératrices promises par une Silicon Valley encore marquée par son passé hippie et hallucinogène. Lentement mais sûrement, l'horizon dystopique a remplacé les lignes de fuite utopistes. Désormais, plus

9. Flora Tristan, *Promenades dans Londres* (1840), Indigo & Côté-femmes éditions, 2008.

une semaine ne s'écoule sans qu'un ami ou un proche aux mains moites ne me pose cette question : mon téléphone est-il capable d'écouter mes conversations ? De fait, il est matériellement impossible de répondre avec certitude à cette angoisse existentielle d'individu connecté. C'est un aspect qu'avait négligé Weiser dans sa prophétie : si la proverbiale « révolution numérique » s'est insinuée partout, elle nous a, ce faisant, totalement dépossédés. Non seulement nous ne domptons pas notre environnement numérique, mais nous ne le comprenons pas. La cybernétique, cette science des systèmes complexes élaborée au mitan du XXe siècle par le mathématicien Norbert Wiener afin d'ordonner la vie entre l'homme et la machine, dérivait pourtant du grec *kubernêtikê,* le gouvernail... Au lieu de ça, nous vivons dans un enchâssement de boîtes noires hermétiques aux couvercles soudés. Les algorithmes de Google, Facebook ou Amazon, de Tinder, Uber ou Netflix, qu'ils donnent à voir ou recommandent, sont verrouillés à double tour. Suivi à la trace, compilé dans des bases de données, recomposé de profil et de bon cœur, on ne se soustrait pas à la puissance du calcul. Tous les jours, en agents consentants de notre propre enfermement, nous sommes invités à transformer la moindre de nos expériences en un signal exploitable. Il s'agit désormais de nous prédire, donc de nous devancer, en permanence. Le professeur de droit américain Bernard Harcourt parle à cet égard d'une « société de l'exposition »[10], qui nous

10. Bernard E. Harcourt, *La Société d'exposition. Désir et désobéissance à l'ère numérique*, Seuil, 2020.

imposerait la transparence par un subtil jeu de miroirs : puisqu'on a accès à tout, c'est que nous devons être aux commandes. Nos désirs deviennent des ordres, du moins le croit-on. Mais à cette mise à nu répond un mouvement inverse : ceux qui nous épient, eux, s'efforcent précisément de disparaître en se fondant dans le paysage. À l'heure où la reconnaissance faciale investit nos visages, où les assistants vocaux dits intelligents s'invitent dans nos salons, où Instagram recompose nos rapports sociaux, nous avons devant nous, sous nos yeux qui voient flou, de nouveaux territoires du contrôle.

L'équation est singulière. Minés par un sentiment d'inquiétude authentique qui nous pousse à guetter Big Brother à chaque coin de rue, nous n'avons pourtant jamais été aussi apathiques face à ces glissements. C'est que nos représentations de la surveillance, nourries par les images d'Épinal de la culture populaire – programmes gouvernementaux siglés ou filatures aux couleurs sépia – sont en grande partie dépassées. Gazeuse, la surveillance contemporaine est partout, et nous ne la voyons plus nulle part. Elle est ubiquitaire plus que totalitaire, passive plus qu'active. Nombreux sont ceux qui rétorqueront, en masse et de bonne foi, qu'ils n'ont rien à cacher. En réalité, ils ne peuvent rien dissimuler.

Depuis dix ans, j'essaie de cartographier minutieusement ce nouveau biotope, que j'observe tout en y résidant, soumis aux mêmes injonctions et pris dans les mêmes rets. L'environnement est d'autant plus hostile que l'État moderne, en gouvernant par les nombres, s'apparie bien plus avec le capitalisme numérique qu'il ne le tient en respect. En matière de surveillance contemporaine, la coopération est l'organisation par défaut, et la lâcheté du contrôle institutionnel, une fonctionnalité plus qu'un accident. Unis dans un mouvement d'hybridation qui résulte de deux obsessions technologiques communes – la prédiction et l'automatisation –, la puissance publique et les géants privés composent un nouveau régime de pouvoir. Désorientés, nous sommes tous agglutinés autour d'une expérience partagée et rassurante, où l'on nous observe distraitement. Comme dans l'œil d'un cyclone, tout y semble étrangement calme. Nous aurions tort, par ailleurs, de penser que les grandes plateformes et les gouvernements prévoyants sont seuls prédateurs de nos secrets : courtiers en données et autres marchands de surveillance œuvrent à un autre niveau de secret, huilant les rouages d'une machine qui, atomisée, miniaturisée ou déguisée, s'immisce jusque chez nous, entre nous, parfois même à l'intérieur de nous. Le tableau est décourageant. Les batailles autour de la vie privée et des libertés publiques, quand elles intéressent encore, semblent perdues. « Le travail devient surhumain », s'inquiétait déjà en 1996 l'urbaniste Paul Virilio[11]. Théoricien de la vitesse, Virilio s'inquiétait de la rapidité des mutations et du ratatinement du monde. La tâche est encore plus herculéenne vingt-cinq ans plus tard. C'est ce qu'entreprend modestement ce livre : cartographier les nouveaux territoires de la surveillance, examiner le

11. Paul Virilio, *Cybermonde, la politique du pire*, Textuel, 1996.

fonctionnement des dispositifs qui les peuplent, pour tenter de reprendre la main. Chez les thuriféraires de l'innovation, on parle volontiers de technologies « de rupture », mais avant d'ausculter la fracture, il convient de parcourir le corps et d'examiner son histoire, parfois longue, ce qui suppose quelques détours tant géographiques qu'historiques. Ainsi, ne soyez pas surpris si vous circulez sans interruption entre le continuum carcéral d'Instagram et les fichiers de police. À l'issue de cette navigation, il sera peut-être encore temps de fuir. Et en fuyant, de chercher de l'ombre.

I

Contrôler

Et vous, quelle note vous a été attribuée ?

Employé modèle...

Le badge de la start-up Humanyze ressemble à n'importe quel autre moyen moderne d'entrer dans les locaux d'une multinationale[1]. Immaculé et anodin. À un détail près : il moucharde plus que les autres. Il utilise la technologie Bluetooth pour localiser les salariés, et il est doté d'un micro pour enregistrer les modulations de la voix ainsi que d'un capteur de mouvements pour analyser les postures (seriez-vous trop avachi ?). Sa batterie dure deux ans. En tout, l'entreprise assure collecter quatre gigaoctets de données par personne et par jour. Passées à la moulinette

1. Jusqu'en 2015, l'entreprise s'appelait Sociometric Solutions. Emprunt au psychiatre américain d'origine roumaine Jacob Levy Moreno, la sociométrie entend étudier les relations interpersonnelles au sein d'un groupe et les cartographier pour réorganiser le travail.

d'une interface maison baptisée Elements, ces informations sont censées éclairer la performance des travailleurs, afin de l'optimiser. Pour contrer les inquiets qui redoutent une surveillance ubiquitaire des salariés du tertiaire, Ben Waber, son patron, diplômé du Media Lab du prestigieux Massachusetts Institute of Technology (MIT), assure que les données collectées sont anonymisées et que son entreprise n'enregistre pas le contenu des conversations. En revanche, il sait si Julien de la compta échange régulièrement avec Sophie du marketing, si Fred passe son temps à papillonner en salle de repos et si Juliette frise le burnout, la voix étranglée par le stress. En tout, 10 000 salariés à travers le monde porteraient le badge curieux de Humanyze autour du cou, de la NASA à Bank of America. Cette dernière, par exemple, y a recouru pour améliorer la productivité de certains de ses centres d'appel, dont les performances laissaient à désirer. Grâce à l'analyse de Humanyze, la banque a révisé sa politique des pauses, en les synchronisant pour offrir aux employés davantage d'interactions. Cette réforme aurait permis d'améliorer le rendement de 23 %. Humanyze serait ainsi capable d'indiquer à un patron si la torréfaction du café a des répercussions sur la qualité du travail fourni par ses équipes. À ce titre, la start-up est symptomatique de cette tendance lourde qui maquille la productivité forcenée en bien-être au travail. Dans l'économie des services, un salarié efficace est un salarié choyé, incité par un système de gratifications en nature à arriver tôt, repartir tard. Humanyze incarne également le stade suprême de l'open space, cette indivision de l'espace adoptée en masse depuis la seconde moitié du XXe siècle. « Si vous ne travaillez pas au même étage, c'est comme si vous habitiez deux villes différentes », assure Ben Waber. À l'écouter, Humanyze est moins intéressé par les bavardages des travailleurs que par leurs gestes, parce qu'ils trahissent le fond de leur pensée. Si vous allez aux toilettes trois fois par heure, c'est que vous avez une petite vessie, ou que vous vous cachez pour pleurer. Ici, il ne s'agit pas – pour l'instant – d'étouffer dans l'œuf une grève en espionnant les communications des instances représentatives du personnel, mais d'ordonnancer les salariés dans leur environnement. Une fois cette architecture en place, qu'est-ce qui empêchera ses administrateurs de traquer le moindre germe de dissentiment ? D'autres expérimentations sont déjà plus intrusives : certaines entreprises, notamment financières, envisagent d'implanter une puce de la taille d'un grain de riz entre le pouce et l'index de leurs salariés pour fluidifier les opérations quotidiennes, qu'il s'agisse de restreindre l'accès à un document confidentiel ou de commander une barre chocolatée au distributeur automatique[2]. Là encore, l'objectif semble être d'investir le corps pour mieux séquencer le temps et ainsi garantir son plein emploi en réduisant les frictions inutiles (taper un mot de passe, faire l'appoint). Au Royaume-Uni, ces prospections ont déclenché la colère aussi bien des organisations patronales que des syndicats de travailleurs, inquiets à l'idée de voir des salariés équipés de force. Mais

2. Ellie Zolfagharifard, « Major UK companies preparing to microchip employees », *The Telegraph*, 10 novembre 2018.

à 150 euros la puce en moyenne, la dernière digue qui nous sépare de cette dystopie machiniste est purement morale.

Présentée comme une innovation dans le discours saint-simonien ambiant – « Personne avant nous n'avait pensé à agréger ces informations », dit encore Waber – Humanyze s'inscrit pourtant dans une longue tradition d'exercice du biopouvoir : la filature des travailleurs est un outil de surveillance au nom d'un impératif de sécurité publique depuis le XVIIIe siècle. Quand le livret ouvrier est instauré en France en 1781, c'est sous la pression conjointe des corporations et des services de police. Sur ce petit cahier composé de treize feuillets figurent non seulement le nom de son porteur, sa date de naissance, sa profession, mais aussi sa taille, la forme de son visage, la densité de ses sourcils ou d'éventuelles cicatrices. Plus d'un siècle avant la généralisation de la carte d'identité, dont on rappellera qu'elle fut d'abord imposée aux étrangers, le livret ouvrier préfigure ce qui deviendra l'information judiciaire[3]. Mais surtout, il fixe géographiquement l'ouvrier dans la commune où il travaille. Non seulement le patron assure par écrit qu'il emploie tel forgeron ou potier, mais c'est lui qui décide de lui octroyer ou non un congé. Il conserve le livret entre ses mains pendant la période où le travailleur est à son service, et si celui-ci est incapable de produire ce justificatif lors d'un contrôle, il est présumé vagabond, arrêté et puni comme tel. À l'époque, ce dispositif a pour finalité de « domestiquer le

3. Celle-ci sera perfectionnée par Alphonse Bertillon à la fin du XIXe siècle, avec la mise en place du premier service d'anthropométrie judiciaire en 1888.

nomadisme des ouvriers[4] » en empêchant ceux qui vivent de leurs bras d'échapper à leur destin prolétaire. Il fixe aussi un principe : les classes laborieuses sont nécessairement dangereuses, et il faut surveiller leurs moindres faits et gestes. Abandonné à la Révolution – nul ne devant être inquiété dans l'exercice de sa propriété personnelle selon la toute nouvelle Constitution –, il est rétabli en 1803 par le Premier consul Napoléon Bonaparte. À l'intérieur du livret est notamment reproduit l'article 7 du titre II de la loi du 22 germinal an XI, relative à la police des manufactures et des ateliers : « Toute coalition de la part des ouvriers pour cesser en même temps de travailler, interdire le travail dans certains ateliers, empêcher de s'y rendre et d'y rester avant ou après certaines heures, et en général pour suspendre, empêcher, enchérir les travaux, sera punie, s'il y a eu tentative ou commencement d'exécution, d'un emprisonnement qui ne pourra excéder trois mois. » Ainsi, le livret ouvrier devient-il l'assurance théorique d'une main d'œuvre disciplinée et respectueuse de la loi. Cette subordination du travail au renoncement du droit de grève sera abrogée en 1864, mais ce passeport intérieur vivra encore jusqu'à la fin du XIXe siècle.

... *Citoyen bien noté*

Aujourd'hui, chez Humanyze ou ailleurs, avec l'irruption croissante de la biométrie dans le monde de l'entreprise, les normes de la vie professionnelle ne cessent de

---

4. Denis Woronoff, *Histoire de l'industrie en France*, Seuil, 1994.

« décimer la vie privée des travailleurs » en les puçant comme des animaux[5]. Pour l'heure, cette banalisation s'opère sur la base du volontariat dans des pays développés, auprès de salariés du tertiaire britannique ou suédois, lors d'opérations médiatisées. Mais on ne peut ignorer le funeste destin du consentement éclairé si de tels développements – et cela semble inévitable – devaient toucher les classes les plus populaires. Dès lors, il convient de changer d'échelle : c'est la citoyenneté dans son ensemble qui serait étalonnée. Plein est, une version sensiblement enrichie du livret ouvrier s'épanouit loin de nos frontières. En Chine, les citoyens sont désormais notés en fonction de leurs bonnes et mauvaises actions. Vous accompagnez une personne âgée à l'hôpital : un point en plus ; vous refusez une priorité à un piéton : 50 yuans d'amende, et cinq points de crédit social en moins. Théorisé au tout début des années 2000, ce système transforme la société en jeu de rôle grandeur nature. S'il se comporte bien, un citoyen sera récompensé et pourra accéder à des services exclusifs, pour financer un prêt immobilier ou rencontrer une âme sœur aussi bien notée que lui. S'il fait preuve d'une moralité douteuse en revanche, sa note plongera et il sera publiquement cloué au pilori. Le piéton qui traverse en dehors des clous, devenu l'unité de mesure de l'incivilité, verra son visage et son nom stigmatisés sur d'immenses écrans à cristaux liquides au-dessus des carrefours,

5. Ifeoma Ajunwa, Kate Crawford et Jason Schultz, « Limitless worker surveillance », *California Law Review*, vol. 105, n° 3, 2017.

lieux du délit. Le resquilleur ou le payeur retardataire ne pourra plus réserver de billets de train ou d'avion. Sa liberté d'aller et venir sera littéralement entravée. Pur produit de l'appareillage entre le public et le privé, le crédit social chinois repose sur deux services en ligne, Alipay et WeChat Pay. Le premier appartient à Alibaba, le second à Tencent, les deux multinationales chinoises à se hisser parmi les dix plus importantes capitalisations boursières mondiales, juste derrière Microsoft, Amazon, Apple, Google et Facebook[6]. Installées sur des centaines de millions de smartphones, ces applications servent aussi bien à correspondre avec ses proches qu'à commander une course en taxi ou régler ses achats au supermarché. Tout, absolument tout, des serveurs de restaurant aux sépultures des défunts en passant par les sans-abri, arbore un QR code, signe d'une société intégralement numérisée[7]. Cette unification des usages est évidemment bien pratique dans une nation qui entend classer ses ressortissants en fonction des traces numériques qu'ils sèment quotidiennement.

Le crédit social à la chinoise est devenu le repoussoir parfait de nos démocraties libérales, l'horizon qu'il ne faut surtout pas embrasser, le moment « Black Mirror » (cette série télévisée britannique sombre qui s'est de toute évidence imposée comme un nouveau référent culturel

6. À l'heure où nous écrivons ces lignes, elles sont respectivement septième et huitième.

7. Mara Hvistendahl, « Bienvenue dans l'enfer du *social ranking* : quand votre vie dépend de la façon dont l'État vous note », *Revue du Crieur*, n° 10, juin 2018.

puissant) de l'Histoire qu'on réserve à nos fictions de fin de soirée. Si cette répulsion est légitime, nous restons cependant prisonniers de deux malentendus. Le premier est une confusion d'échelle. Le second, une mauvaise lecture de l'Histoire. Trompés par nos représentations sur le pouvoir centralisé de la Chine communiste, nous percevons le crédit social comme un système universel et homogène. Or, comme l'ont montré quelques excellents articles de presse, le dispositif, pleinement opérationnel en 2021, est encore en phase de rodage dans plusieurs provinces. De fait, les expérimentations – nécessairement locales – varient d'une municipalité à l'autre, chacune décidant de ses propres impératifs collectifs. « À Suqian, le respect du Code de la route est apparu comme essentiel dans la notation. À Rongcheng, on se concentre sur la moralité, le civisme. À Hangzhou, on bâtit une réputation de ville innovante et connectée », explique ainsi Lin Junyue, l'un des pères du crédit social[8]. À Nanning, capitale de la région du Guangxi, cité de plus de 3 millions d'habitants à 160 kilomètres de la frontière vietnamienne, une cour de justice locale a récemment signé un accord avec la plateforme TikTok pour intégrer les visages de citoyens de seconde zone – les mal notés – entre deux vidéos, comme de vulgaires publicités, promettant une récompense en échange de tout renseignement les concernant. Singulier Far West numérique. Présentée ainsi, la notation chinoise

8. René Raphaël et Ling Xi, « Bons et mauvais Chinois », *Le Monde diplomatique*, janvier 2019.

semble bien plus artisanale, sans être pour autant plus rassurante. Un autre article, publié dans la revue américaine *Logic*[9], explique la finalité partagée de ces expérimentations disparates : il s'agit avant toute chose de séparer la population entre bons (shouxin, 守信) et mauvais (laolai, 老赖) payeurs. En mandarin, « crédit social » se dit *shehui xinyong* (社会信用), *xin* signifiant « crédibilité ». Ce dispositif s'imposerait donc comme un intermédiaire de confiance dans une économie aussi planifiée que sauvage.

À l'instar du revenu de base et de son idéologie malléable, le crédit social peut trouver des expédients chez des régimes amis. Au Venezuela par exemple, l'entreprise chinoise ZTE se charge d'exporter le modèle chinois en fournissant une carte d'identité intelligente, baptisée *carnet de la patria*, « la carte de la patrie »[10]. Alors que feu le président Hugo Chávez avait dépêché des émissaires à Shenzhen – la capitale technologique de l'empire du Milieu – pour suivre les expérimentations chinoises dès 2008, son fils putatif Nicolás Maduro a accéléré la cadence dix ans plus tard, comprenant l'intérêt d'un tel sésame pour consolider son pouvoir. Pas encore généralisé à l'ensemble de la population malgré les incitations répétées du gouvernement, le *carnet de la patria* devient indispensable pour accéder aux soins médicaux ou aux rares ressources d'une économie rationnée dans un contexte inflationniste

9. Shazeda Ahmed, « The Messy Truth About Social Credit », *Logic*, n° 7, mai 2019.

10. Angus Berwick, « How ZTE Helps Venezuela Create China-Style Social Contol », Reuters, 14 novembre 2018.

terrifiant. Dans le cadre d'un programme à 70 millions de dollars pour renforcer la sécurité intérieure, Maduro entend transformer cette pièce d'identité en moyen de paiement, sur le modèle d'Alipay ou de WeChat Pay. Ici, pas de note individuelle, mais chaque action vient nourrir une base de données administrée par CANTV, l'opérateur télécom national. Selon Reuters, celle-ci compile non seulement date d'anniversaire, salaire et employeur, historique médical, aides reçues, mais aussi présence sur les réseaux sociaux, appartenance à un parti politique et participation aux élections. À juste titre, l'opposition perçoit cette carte patriotique comme une mise sous tutelle des voix dissidentes doublée d'un outil d'intimidation. Redoutable, la stratégie vénézuélienne transforme tous ceux qui refusent de jouer le jeu en citoyens de deuxième classe. Sans carte, les diabétiques ne peuvent plus recevoir de piqûres d'insuline, et les parents sont dans l'impossibilité de nourrir leurs enfants. Un tableau cauchemardesque. Ces expérimentations de notation seraient ainsi l'apanage de régimes autoritaires s'échangeant bons tuyaux et fiches complètes pour mieux maîtriser leur environnement. C'est là notre seconde erreur de perception.

Resserrer le maillage

Si le crédit social à la chinoise nous effraie tant, c'est peut-être parce qu'en la matière, le monde occidental a joué les éclaireurs. Il ne fait que reprendre à son compte

– en les modernisant – des calculs de solvabilité élaborés aux États-Unis. En 1956, à San Jose (Californie), un ingénieur, William R. « Bill » Fair, et un mathématicien, Earl Isaac, investissent 400 dollars chacun pour créer FICO (Fair Isaac Corporation). Alors que les organismes de crédit s'appuyaient jusqu'alors sur des rumeurs et autres bruits de voisinage susceptibles de produire des effets discriminatoires, les deux compères développent une approche scientifique et mettent au point le premier « score » de crédit. Grâce à ce nombre, compris entre 350 et 850, ils déterminent la probabilité qu'un souscripteur rembourse son prêt. Pour le calculer, plusieurs facteurs sont pris en compte, des relevés bancaires aux retards de paiement des factures. Comme les concepteurs du crédit social chinois, Fair et Isaac assurent que leur seul objectif est de rendre l'emprunt accessible à celles et ceux qui en étaient jusqu'ici exclus. Dès 1963, la chaîne de grands magasins Montgomery Ward, première société de vente par correspondance au monde, s'empare de cette notation. Au début des années 1990, le « score FICO » est adopté par les trois grandes agences d'évaluation des risques liés au crédit : Experian, Equifax et TransUnion. Aujourd'hui, cette note suit chaque Américain à la trace, l'autorisant ou non à emprunter de l'argent, et à quel taux. Selon Experian, la moyenne aux États-Unis est de 701, ni mauvaise, ni exceptionnelle, juste ce qu'il faut pour continuer à entretenir son découvert. Surtout, le développement exponentiel des traces numériques a consolidé la position dominante de ces sociétés, qui n'ont qu'à se servir dans un buffet dînatoire constamment ravitaillé. Le modèle économique de ces courtiers peu connus du grand public est simple : collecter des données puis les revendre. Pour telle banque, ils identifieront tous les jeunes adultes possédant un score supérieur à 700, afin de cibler de nouveaux clients ; pour tel employeur, ils éplucheront le passé bancaire de candidats à l'embauche.

Le crédit social « à la chinoise » est en fait déjà universel. Quotidiennement, nous notons nos achats sur Amazon, nos chauffeurs Uber, nos livreurs Deliveroo, nos hôtes Airbnb. Qui nous évaluent en retour, dans le cadre d'un jeu de dupes à grande échelle. La familiarité du modèle chinois nous déstabilise précisément parce que l'expérience qu'il impose ne diffère qu'à la marge de la nôtre. Ce n'est pas un hasard si, échaudé par une série de scandales liés à sa protection structurellement inexistante de la vie privée, Mark Zuckerberg veut transformer Facebook en WeChat Pay. Dans un billet publié le 6 mars 2019, le patron jure main sur le cœur qu'il veut réorienter sa plateforme pour qu'elle devienne réellement respectueuse de l'intimité de ses utilisateurs : « Nous voulons développer [un nouveau modèle] sur le modèle de WhatsApp : en se concentrant sur l'usage le plus fondamental et privé – la messagerie –, en le sécurisant autant que possible, et en mettant sur pied de nouveaux moyens pour que les gens interagissent, par des appels, des chats vidéo, des groupes, des transactions, des paiements, afin de devenir une plateforme pour toute une variété de services. » S'il prend soin de ne jamais mentionner WeChat pay, l'objectif de Zuckerberg est limpide : consolider sa position dominante en devenant le carrefour occidental d'un crédit social qui ne dit pas son nom. On ne sera donc pas surpris d'apprendre que la plateforme travaille depuis 2013 avec plusieurs courtiers en données, dont Experian et TransUnion, ceux-là mêmes qui ont adopté le « score FICO » et inspiré le modèle chinois. Grâce aux gigantesques bases de données de ses partenaires commerciaux, Facebook peut s'immiscer dans les comportements hors ligne de ses utilisateurs et, mieux, bâtir des profils fantômes d'individus qui ne seraient même pas inscrits sur la plateforme pour proposer à ses propres clients des cibles publicitaires particulièrement précises. En épluchant les habitudes de consommation de centaines de millions de personnes – majoritairement des Américains –, la firme californienne peut par exemple déterminer qui possède un pouvoir d'achat conséquent et qui est obligé d'écumer les magasins discount[11]. Cette situation vient rappeler que quitter Facebook – ou ne jamais s'y inscrire – n'offre qu'une réponse très imparfaite à la crise de confiance générée par un acteur commercial qui prétend paradoxalement s'imposer comme un chantre de la probité bien intentionné. Dès lors, est-il déraisonnable d'imaginer que Facebook possède, hier, maintenant, demain, une notation clandestine pour chacun de nous[12] ? Sans trébucher sur un nid de poule conspirationniste, cette pratique s'est largement répandue, bien au-delà des

11. Julia Angwin, Surya Mattu, Terry Parris Jr., « Facebook Doesn't Tell Users Everything It Really Knows About Them », ProPublica, 27 décembre 2016.

12. Voir à ce sujet le chapitre sur les *data brokers*.

acteurs installés du crédit. Le « score Sift », par exemple, est utilisé par les entreprises de commerce en ligne pour réduire les risques de fraude. 16 000 signaux entrent en considération pour calculer cette note[13]. Ainsi, le bon consommateur n'achète pas ses billets d'avion depuis un réseau virtuel russe et ne tape pas son mot de passe trop rapidement, ce qui aurait tendance à indiquer qu'il s'agit d'un robot. Banalisée, cette procédure de contrôle crée évidemment des dommages collatéraux – si vous recevez une inhabituelle demande de confirmation de votre identité, c'est probablement que vous avez été pris dans les mailles d'un filet trop serré –, mais c'est son opacité qui interpelle. « C'est comme un score de crédit, mais pour la confiance générale », résume une porte-parole de Sift. À un détail près : il n'y a aucun moyen de le connaître. Une impasse loin d'être une exception dans le monde confidentiel des courtiers en données.

Interdit en France par la Commission nationale de l'informatique et des libertés (CNIL), le *scoring* sous toutes ses formes serait un nuage de Tchernobyl numérique, arrêté aux frontières par la seule force du droit. Pourtant, nos propres gouvernants savent rivaliser d'ingéniosité pour en emprunter l'esprit à des fins de contrôle social douloureusement asymétrique. Il en résulte un inévitable effet d'acclimatation. Prenons le chantage sécuritaire des politiques qui veulent conditionner l'octroi

13. Christopher Mims, « The Secret Trust Scores Companies Use To Judge Us All », *Wall Street Journal*, 6 avril 2019.

d'allocations familiales au comportement des enfants. Au mois de janvier 2019, s'exprimant sur le futur plan contre les violences scolaires, le ministre de l'Éducation nationale, Jean-Michel Blanquer, a confirmé son souhait de sanctionner les parents « complices d'une évolution violente des enfants ». Avant lui, Christian Estrosi avait émis la même idée dès 2008 pour faire baisser la délinquance à Nice ; Nicolas Sarkozy y songeait en 2010 pour juguler l'absentéisme scolaire. Populaire dans l'opinion publique, cette double peine n'affecte pas une note, mais produit les mêmes effets, c'est-à-dire le déclassement automatique de tous ceux qui, déjà vulnérables, n'arrivent pas à suivre la cadence infernale de la société. Elle a même été gravée dans le marbre du *Journal officiel*. L'article premier de la loi Ciotti du 29 septembre 2010 est particulièrement sévère : au-delà de quatre journées et demie d'absence non justifiées par mois, l'inspecteur d'académie doit saisir l'organisme débiteur des prestations sociales qui suspend immédiatement le versement de la part des allocations familiales dues au titre de l'enfant en cause. Supprimé en 2013, ce texte contesté aurait provoqué la suppression des aides pour 619 familles sur l'année 2011-2012. Selon des chiffres fournis à l'époque de l'abrogation par George Pau-Langevin, ministre déléguée à la Réussite éducative, seuls 142 foyers auraient régularisé leur situation après que leur enfant fut retourné à l'école. Les autres, près de 80 % du total, attestent l'inefficacité d'un dispositif en forme d'arlésienne, qui entérine une constante des États centralisés : qu'il s'agisse du livret ouvrier, du crédit social chinois, du *scoring* américain ou du rationnement hexagonal des allocations, il ne fait pas bon être pauvre, étranger ou marginal face aux nouveaux outils de la bureaucratie.

Le fichage, de l'identité au profil

L'invention de l'identité

C'est une histoire qu'on se raconte depuis cinq siècles en France, de Montaigne à Gérard Depardieu en passant par Alexandre Dumas. Quand le paysan ariégeois Martin Guerre revient dans le village qu'il a quitté douze ans plus tôt à la suite d'un conflit familial sur fond de vol de grain, il trouve un sosie dans le lit conjugal. Le *nouveau* Martin Guerre a vécu trois ans avec sa compagne, Bertrande ; ils ont même eu deux filles. Sous la pression de Pierre Guerre, l'oncle de Martin, Bertrande a fini par porter plainte pour imposture. Arnaud du Tilh, l'usurpateur, sera condamné et pendu en 1560, ce qui plongera Montaigne dans des abîmes de perplexité :

> Je vis en mon enfance, un procès que Coras, conseiller de Toulouse, fit imprimer d'un événement de deux hommes, qui se présentaient l'un pour l'autre : il me souvient (et

> ne me souvient aussi d'autre chose) qu'il me sembla avoir rendu l'imposture de celui qu'il jugea coupable, si merveilleuse et excédant de si loin notre connaissance, et la sienne, qui était juge, que je trouvai beaucoup de hardiesse en l'arrêt qui l'avait condamné à être pendu[14].

Alors que l'état civil se résume à des registres paroissiaux, il faut compter sur la familiarité du face-à-face et sur la reconnaissance de pair à pair pour déterminer l'identité d'un individu. Pour autant qu'ils ne se ressemblent pas trop. S'il fallait transformer cette affaire en parabole, on pourrait postuler que l'identification est toujours liée à la perspective d'une punition. Si Martin n'est pas Martin, il devra être condamné, en 1560 comme en 2020. Puisque depuis trois siècles, l'État moderne doit s'assurer de la sécurité publique et sociale pour conforter son pouvoir, les techniques de vérification de l'identité se sont imposées comme une histoire commune de la police, de la justice et de l'immigration[15]. Dès la fin du XIXe siècle, à la suite du carnet ouvrier, se pose au nom de la lutte contre la subversion la question de la généralisation d'un certificat de vie individuel. Pourtant, sa mise en place attendra la France vichyste, les marges de la société républicaine servant de terrain d'essai aux politiques répressives bourgeonnantes. Ce qui retardera de fait la prise de conscience collective

---

14. Michel de Montaigne, *Essais*, livre III, chapitre 11, « Des boiteux », 1588.

15. Xavier Crettiez (dir.), *Du papier à la biométrie : identifier les individus*, Presses de Sciences Po, 2006.

sur les dangers du profilage de masse. Quand il fonde le premier laboratoire de police scientifique d'identification criminelle en 1870, Alphonse Bertillon commence à plancher sur la méthode éponyme. Il en est persuadé, quatorze mensurations – de la longueur des pieds à l'écartement des yeux – suffisent à déterminer avec une certitude raisonnable l'identité d'une personne (il n'existe qu'une chance sur 286 millions de se tromper, assure-t-il). Nommé à la tête du tout nouveau service d'anthropométrie judiciaire à la préfecture de police de Paris, Bertillon ne chôme pas : la moitié de la population carcérale métropolitaine est composée de récidivistes, à tel point que la loi dite de relégation du 27 mai 1885, introduite par le ministre de l'Intérieur Pierre Waldeck-Rousseau, impose la déportation de ces détenus – dont l'identification est facilitée par le bertillonnage – dans des colonies françaises pour y purger une peine à perpétuité. Le criminologue Bertillon pose ici les bases d'un système qui perdure encore aujourd'hui, à savoir la combinaison – et plus tard la commutation informatique – d'une fiche individuelle et d'une base de données centrale, bientôt mise à jour *en temps réel* grâce aux avancées technologiques du télégraphe et du téléphone. C'est la matérialisation d'un vieux rêve du Consulat, le moment où, selon Foucault, « tout agent du pouvoir va être désormais en même temps un agent de constitution du savoir[16] ». La fiche parisienne d'identification, d'un format carré d'une quinzaine de centimètres, consigne

16. Michel Foucault, leçon du 28 mars 1973 au Collège de France.

ainsi l'état civil, les mensurations anthropométriques, une photographie de face et du profil droit (le fameux *mugshot* des Anglo-Saxons), les cicatrices, tatouages et autres marques cutanées. À partir de 1894, Bertillon fait apposer les empreintes de quatre doigts de la main droite, puis à partir de 1904, celles des dix doigts. Mais, dubitatif vis-à-vis de la fiabilité de la classification dactyloscopique, il laissera à Juan Vucetich la paternité d'un système de catalogage méthodique. Chef de la statistique de la police de la ville de La Plata en Argentine, à la fin du XIXe siècle, celui-ci « réduit les empreintes digitales à quatre grands groupes et résout le problème de l'archivage des fiches des empreintes en les classant dans deux casilleros, deux armoires-fichiers de 160 cases chacune. Outre ces deux casiers, il établit un registre de contrôle, qui permet de relever s'il y a ou non une empreinte voulue dans le casier. Il y a enfin un registre des personnes dont les empreintes ont été prises[17] ». Cet ancêtre des fichiers biométriques qui pullulent aujourd'hui inspirera – directement ou non – les empires coloniaux de l'époque, qui pourront ficher à loisir les populations sous leur tutelle, loin du regard méfiant de leurs opinions publiques métropolitaines. Ainsi, en 1897, l'Empire victorien collecte les empreintes digitales des sujets de l'Inde britannique, tandis que l'administration française l'imite en Indochine pour contrôler l'afflux de travailleurs chinois. À mesure que s'intensifie le profilage

17. Armand Mattelart et André Vitalis, *Le Profilage des populations*, La Découverte, 2014.

des populations indigènes s'installe une distorsion de plus en plus grande avec la population générale. Comme l'explique l'historien Gérard Noiriel, les rituels anodins d'aujourd'hui étaient loin d'être banals hier : « Appliquée aux criminels, puis aux aliénés, puis aux militants de la Commune, la photographie d'identité est perçue par l'opinion comme une intolérable remise en cause des libertés individuelles qui ne saurait être imposée aux honnêtes gens[18]. » Accentuant la tendance policière, la loi du 16 juillet 1912 sur l'exercice des professions ambulantes et la circulation des nomades entend réglementer les déplacements de ceux qui marchent, et marchent encore, jusqu'à l'épuisement et la mort : « Paysan perverti ou prolétaire en déroute, le vagabond tourne comme une machine folle dans ce monde des cadences bien réglées, des morales de la prévoyance et de la responsabilité[19]. » Anomalie du système machiniste, réfractaire au temps mesuré, le nomade doit ainsi se plier à des procédures spécifiques et produire un carnet d'identité reproduisant son signalement, photographie à l'appui. En sus, les tsiganes, forains, romanichels et autres non-sédentaires doivent se munir d'un carnet anthropomorphique d'identité. Celui-ci indique « la hauteur de la taille, celle du buste, l'envergure, la longueur et la largeur de la tête, le diamètre bizygomatique, la longueur

18. Gérard Noiriel, « Surveiller les déplacements ou identifier les personnes ? Contribution à l'histoire du passeport en France de la Ire à la IIIe République », *Genèses*, vol. 30, 1998.

19. Jean-Claude Beaune, *Le Vagabond et la machine*, Champ Vallon, 1983..

de l'oreille droite, la longueur des doigts (médius et auriculaire gauches), celle de la coudée gauche, celle du pied gauche, la couleur des yeux». Ce carnet ne sera abrogé qu'en 1969, certaines de ses dispositions continuant à exister jusqu'au début des années 2010. Quand le Conseil constitutionnel valide – en mars 2019 – les tests osseux sur les jeunes migrants pour s'assurer de leur minorité à leur arrivée sur le sol français, ne perpétue-t-il pas ce flicage anatomique des étrangers ?

La généralisation de la pièce d'identité, elle, interviendra en deux temps. D'abord pendant la Première Guerre mondiale, puis à l'occasion de la Seconde. En 1917, un décret la rend obligatoire pour tous les étrangers afin de renforcer les modalités de contrôle. Quatre ans plus tard, le préfet de police de la Seine, Robert Leullier, tentera d'imposer une « carte d'identité des Français ». Mais là encore, il rencontrera de solides résistances ainsi qu'un profond désintérêt, exprimé par un fonctionnaire de police dans un article de *La Victoire*: «Alors que nous nous attendions à un surcroît de travail du fait de la délivrance de ces nouvelles cartes, nous a-t-on dit dans un commissariat du 20e arrondissement, nous avons été fort surpris, au contraire, de n'avoir à enregistrer aucune demande[20]. » C'est Vichy qui, en octobre 1940, rend obligatoire la carte d'identité pour tous les Français. De cette façon, le régime collaborationniste entend maintenir l'apparence d'une communauté

20. Pierre Piazza, « Septembre 1921: la première "carte d'identité des Français" et ses enjeux, *Genèses*, vol. 1, n° 54, 2004.

nationale unie et souveraine, alors même que le pays est fracturé en zones occupées[21]. Si la IIIe République envisageait la carte d'identité comme le signe apparent d'un ensemble de citoyens égaux en droits, la décision pétainiste intervient dans un contexte violemment antisémite, et en mars 1942, sous l'action combinée d'une pression allemande et d'un zèle tout à fait français, une mention « juif » est ajoutée aux titres des ressortissants concernés, sous la forme d'une perforation sur une carte mécanographique, réalisée sur des machines Bull[22]. Qu'il ait fallu attendre une privation presque totale de liberté pour imposer une mise en carte de tous les Français - et que celle-ci ait survécu à la fin de la guerre - n'est pas seulement révélateur de la charge politique d'un tel dispositif, c'est aussi un péché originel qui poursuivra longtemps les entreprises de fichage élaborées par l'appareil d'État.

Une boulimie de fichiers

S'il fallait déterminer avec exactitude la naissance des fichiers, une spécialité bien française - et une route soigneusement pavée, nous venons de le voir -, nul doute

21. Pierre Piazza, *La Carte d'identité de Français sous Vichy*, *in* Xavier Crettiez (dir.), *Du papier à la biométrie : identifier les individus*, Presses de Sciences-Po, 2006.

22. Un débat continue d'animer les historiens pour savoir si cette modification fut scrupuleusement effectuée par les services de l'État français, certains insistant sur le pedigree de résistant du contrôleur général des armées René Carmille, le polytechnicien qui fut l'architecte de l'encartement des Français.

qu'on retiendrait la date du 21 mars 1974. Ce jour, alors que le président Pompidou annule le dîner du corps diplomatique en raison d'une affection bénigne qui s'avérera fatale deux semaines plus tard, *Le Monde* publie un article pas bien long qui change irrémédiablement la perception publique de la vie privée. Parfaitement titré « Safari ou la chasse aux Français », celui-ci révèle un projet d'interconnexion – Safari signifie « Système automatisé pour les fichiers administratifs et le répertoire des individus » – des informations détenues par l'État, qu'il s'agisse de la police ou des impôts :

> Rue Jules-Breton, à Paris-13e, dans les locaux du ministre de l'Intérieur, un ordinateur Iris-80 avec bi-processeur est en cours de mise en marche. À travers la France, les différents services de police détiennent, selon la confidence faite par un très haut magistrat, 100 millions de fiches, réparties dans 400 fichiers. Ainsi se trouvent posées – et, à terme, théoriquement résolues – les données d'un problème comprenant, d'une part, l'énormité des renseignements collectés ; de l'autre, la méthode à définir pour faire de cet ensemble une source unique, à tous égards, de renseignements[23].

En apprenant le fichage méthodique de 52 millions de Français à travers un identifiant unique (le numéro Insee, ancêtre du numéro de Sécurité sociale), l'opinion publique

---

23. Philippe Boucher, « Safari ou la chasse aux Français », *Le Monde*, 21 mars 1974.

tente de repousser ce futur peu désirable. Si les services de l'État voient l'immense avantage de l'encartement, l'opération est d'autant plus sensible qu'elle réveille les douloureux souvenirs de l'Occupation. Rapidement, le Premier ministre, Pierre Messmer, est contraint de faire machine arrière. En novembre, il crée un comité Théodule, chargé de mener des consultations et de plancher sur une future réglementation sous six mois. « Ainsi était posé un problème que ne peut ignorer aucune société moderne éprise de liberté », écrit la commission en introduction de son rapport, consciente de l'enjeu crucial d'une telle délibération. Les discussions vont bon train, Pierre Nora et Alain Minc accouchent de la télématique et du Minitel, et en 1978, cette somme disparate de travaux débouchera sur la création de la Commission nationale de l'informatique et des libertés, avant-poste français de la défense des droits numériques du citoyen. Face à la catatonie générale qui entoure aujourd'hui les questions liées aux libertés publiques, il faut écouter le présentateur du journal télévisé Roger Gicquel le 4 octobre 1977, au moment où les débats parlementaires battent leur plein :

> Je suis, vous êtes, nous sommes tous quelque part dans un fichier, et même dans plusieurs fichiers : le fichier de l'école, celui de l'hôpital, celui de l'armée, celui de la Sécurité sociale, nous sommes en fiche pour l'emploi, les assurances, le crédit, le logement, les contraventions, les délits plus graves si nous en avons commis. Les ordinateurs nous gardent dans un coin de leur mémoire. [...] C'est

quelquefois bien pratique pour agir efficacement, mais ça peut être ennuyeux, surtout si on relie les ordinateurs tous ensemble. À ce moment-là, l'ordinateur peut vous recracher toute votre vie dans ses moindres incidents, même ceux que vous avez oubliés. Et il y a bien des choses dans notre vie qui ne regardent que nous, dont on pourrait se servir contre nous.

Ce constat lucide et ces mots justes dessinent les traits de la société moderne, dans laquelle l'individu s'efface au profit de catégories rigides, qu'il s'agisse du contribuable ou du malade. On ne parle pas encore d'algorithmes, mais le fantasme d'une société en réseau administrée par un ordinateur central résonne avec passion et inquiétude dans une France de tradition colbertiste. Au cours d'une audition devant la CNIL en 2005, le magistrat Louis Joinet, premier président de l'autorité indépendante, le confirmera, l'article du *Monde* sur Safari « fut en grande partie à l'origine de la prise de conscience, par les politiques, des enjeux de l'informatisation au regard des libertés individuelles[24] ».

Depuis lors, ayant goûté au frisson d'une collecte infinie, la France produit des fichiers à une cadence qu'on qualifiera pudiquement d'industrielle. Évidemment, leur croissance non maîtrisée est liée à l'empilement méthodique de lois sécuritaires : depuis l'invention de la justice antiterroriste en 1986, nos gouvernements successifs ont produit

24. Audition de M. Louis Joinet, expert indépendant auprès de la Commission des droits de l'homme de l'ONU, 8 mars 2005.

vingt-six textes (même si certains décomptes font monter le chiffre jusqu'à près de cinquante). Les fichiers de police et de renseignement, eux, suivent une courbe exponentielle depuis une quinzaine d'années. De trente-quatre en 2006, la France en comptait soixante-dix en 2011, et pas moins de cent six au dernier relevé, fin 2018[25]. À lui seul, entre son arrivée place Beauvau en 2002 et la fin de son mandat élyséen en 2012, Nicolas Sarkozy en a créé quarante-quatre[26] : AnaCrim (logiciel d'analyse criminelle), CORAIL (Cellule opérationnelle de rapprochement et d'analyse des infractions liées), ELOI (relatif aux étrangers faisant l'objet d'une mesure d'éloignement), CRISTINA (Centralisation du renseignement intérieur pour la sécurité du territoire et des intérêts nationaux), GESTEREXT (Gestion du terrorisme et des extrémistes violents), PARAFE (Passage automatisé rapide aux frontières extérieures), etc. Certains seront censurés – au moins partiellement – par le Conseil constitutionnel. D'autres ne verront jamais leurs décrets d'application publiés. D'autres encore finiront par apercevoir la lumière. Après avoir vécu vingt ans dans la clandestinité, le fichier de gendarmerie JUDEX (Système judiciaire de documentation et d'exploitation) a été légalisé en... novembre 2006. Théoriquement, tout citoyen peut faire valoir son droit de

---

25. *Rapport d'information sur les fichiers mis à la disposition des forces de sécurité*, présenté par les députés Didier Paris et Pierre Morel-À-L'Huissier, 17 octobre 2018.

26. Jean-Marc Manach, « Nicolas Sarkozy a créé 44 fichiers policiers », Owni.fr, 31 mai 2011.

consultation et de rectification auprès de la CNIL. Mais pour les traitements automatisés intéressant la sûreté de l'État, particulièrement la lutte tous azimuts contre le terrorisme, ils peuvent seulement exercer un droit indirect, subordonné à la coopération des autorités. Faute d'un contrôle sérieux et efficace, les fichiers sont constellés d'erreurs et d'informations conservées au-delà de la durée légale. En 2008, en étudiant à la loupe le fameux STIC (Système de traitement des infractions constatées), compilant les données de 33 millions de Français (28 millions de victimes et 5 millions de mis en cause), la CNIL dénonçait « un taux d'erreur sidérant ». Sur les 1 400 fiches contrôlées, elle avait recensé 83 % d'anomalies. En l'absence quasi systématique de mise à jour, le STIC retenait contre leur gré des centaines de milliers de personnes mises hors de cause dans des affaires classées sans suite. Blanchis par la justice, toujours suspects pour la police. En 2012, le TAJ (Traitement d'antécédents judiciaires) est venu fusionner le STIC et le JUDEX, créant de fait un mégafichier aux dimensions babyloniennes : 87 millions d'affaires répertoriées et près de 19 millions de fiches de personnes mises en cause. Conservées cinq ans pour les délits, les informations sont stockées quarante ans pour les crimes. Comme le STIC avant lui, le TAJ fonctionne comme un casier judiciaire bis : alors que ce dernier ne fait figurer que les condamnations, les deux fichiers susnommés archivent toutes les affaires en cours. Sur le site de la CNIL, un individu raconte ainsi comment on lui a refusé un poste d'agent de sécurité privée, car il figurait dans le TAJ en dépit d'un casier vierge[27]. Agissant comme une matrice autonome à l'intérieur de l'État, l'écosystème des fichiers produit des suspects incapables de se défendre ou presque. À ce titre, l'exemple de la journaliste Camille Polloni est frappant. Après six ans d'une procédure complexe et chronophage, le Conseil d'État a admis que « des données [la] concernant figuraient illégalement dans les traitements de données nominatives de la Direction du renseignement militaire (DRM) ». La section spéciale de la plus haute juridiction administrative française a ordonné l'effacement de ces informations, mais, ici réside la cruelle subtilité, la journaliste ne pourra jamais savoir ce qui a été consigné à son sujet[28]. Cette victoire à la Pyrrhus démontre l'incroyable latitude des services de police et de renseignement dans l'administration de leurs gisements informationnels. À la suite d'une refonte de la loi Informatique et Libertés en 2004, le gouvernement n'est plus tenu de respecter l'avis de la CNIL au moment de créer une nouvelle base de données. Réduite à une fonction de conseil honorifique, l'autorité est condamnée à laisser le pouvoir politique dicter ses exigences – toujours plus délirantes – en matière de sécurité. Et à mesure que croît ce pouvoir de surveillance connectée en réseau (l'enjeu du croisement des fichiers est immense), le niveau du débat public ne cesse de s'affaiblir, suspendu par l'urgence sécuritaire.

---

27. « Les refus d'embauche à la suite d'enquêtes administratives », cnil.fr, 6 août 2018.

28. Camille Polloni, « J'ai testé pour vous : être illégalement fichée par l'armée », Les Jours.fr, 10 novembre 2017.

Puisqu'il a les coudées franches pour inaugurer une nouvelle base de données, l'État ne s'embarrasse plus de lois, actant la création de nouveaux fichiers par voie de décret sans contrôle du Parlement.

Nouveaux horizons identitaires

C'est d'ailleurs dans ces conditions d'opacité organisée qu'a éclaté le dernier véritable scandale lié à l'encartement non consenti de tout ou partie de la population. En juin 2008, le ministère de l'Intérieur du gouvernement Fillon crée par décret EDVIGE (Exploitation documentaire et valorisation de l'information générale). Le fichier apparaît dans un contexte mouvementé de fusion entre les Renseignements généraux (RG) et la Direction de la surveillance du territoire (DST), rassemblés sous une seule et même bannière, la toute nouvelle Direction centrale du renseignement intérieur (DCRI). Alors que la naissance discrète ne devait être accompagnée d'aucun faire-part, le nouveau-né crée un tollé dans la société civile, à droite comme à gauche. Nouvelle mouture du vieux fichier des RG, il propose de centraliser et d'analyser les informations relatives aux personnes exerçant un mandat politique ou syndical, de garder sous contrôle tous ceux qui sont susceptibles de porter atteinte à l'ordre public, et de passer au crible le million de Français qui travaillent dans des secteurs sensibles et sont soumis à des enquêtes administratives (un agent EDF employé par une centrale nucléaire, par exemple). Mais par excès de gourmandise, EDVIGE envisage également de collecter toute une variété d'informations sur des mineurs, à partir de 13 ans, ainsi que des données aussi sensibles que la santé ou l'orientation sexuelle. Un collectif baptisé « Non à Edvige » formule un recours en annulation ; des responsables associatifs sont reçus par la ministre de l'Intérieur Michèle Alliot-Marie, pour réclamer son abrogation pure et simple. Le fichier est finalement enterré sans cérémonie en novembre 2008. Il sera recyclé par morceaux dans deux décrets publiés l'année suivante, dont celui portant création d'une base de données relative à la prévention des atteintes à la sécurité publique (PASP), qui contournera hypocritement l'interdiction du profilage ethnique en faisant figurer l'origine géographique des individus qu'elle vise[29]. Outre ses barbouillages incontrôlés dans la collecte d'informations sensibles, EDVIGE marque le glissement du contrôle social de la présomption d'innocence vers une présomption de culpabilité[30]. En effet, le fichier s'attache à suivre tous ceux qui sont « susceptibles de porter atteinte à l'ordre public », quand la loi s'intéressait jusqu'alors au trouble caractérisé à l'ordre public, par l'intimidation, la terreur ou le soutien actif apporté à la violence. Cette obsession prédictive, devenue la norme depuis une dizaine d'années, n'ambitionne pas de tout

29. Décret n° 2009-1249 du 16 octobre 2009 portant création d'un traitement de données à caractère personnel relatif à la prévention des atteintes à la sécurité publique.

30. Voir à ce sujet les chapitres « Le mirage du Big Data ? » et « Vivre à l'intérieur d'une boîte noire ».

voir et tout entendre. À dire vrai, et les services de police ou de renseignement sont les premiers à le reconnaître, une surveillance indiscriminée générerait un bruit parasite qui les empêcherait de remplir leur mission. L'idée qui charpente cet enchevêtrement savant de fichiers aux noms barbares réside moins dans la traque continue de nos faits et gestes que dans une faim jamais rassasiée de classification intégrale. C'est un fantasme de société entièrement informatisée, gouvernée par les chiffres et les tableurs, l'anti-Marie Kondo, la syllogomanie plutôt que la frugalité.

Plus près de nous, un énième fichier a mollement agité une opinion publique largement désintéressée de ces débats techniques et souvent ennuyeux. Il incarne pourtant cet appétit pantagruélique. À l'automne 2016, dans la torpeur de la Toussaint, le gouvernement publie un décret – encore un – au *Journal officiel*, actant la création d'une base des titres électroniques sécurisés (TES)[31]. Celle-ci devrait rapidement comptabiliser les données biométriques de 60 millions de Français (seuls les mineurs de moins de 12 ans sont exemptés)[32] afin de lutter contre la fraude et l'usurpation d'identité, ainsi que d'harmoniser le

31. Décret n° 2016-1460 du 28 octobre 2016 autorisant la création d'un traitement de données à caractère personnel relatif aux passeports et aux cartes nationales d'identité.

32. Notamment l'état civil, la couleur des yeux, la taille, l'adresse, la filiation des parents, l'image numérisée du visage, les empreintes digitales, l'image numérisée de la signature du demandeur, l'adresse email, les coordonnées téléphoniques, le numéro, le tarif du timbre fiscal, les traces d'une perte, d'un vol ou d'une interdiction de sortie du territoire.

fichier des passeports et celui des cartes d'identité. De quoi provoquer un ouf de soulagement chez les bureaucrates de France et de Navarre comme chez les dépositaires de l'autorité publique. TES, appelons-le par son petit nom, s'inspire largement d'un projet de la droite en partie retoqué par le Conseil constitutionnel en 2012. À l'époque, en fin de mandature, le gouvernement entendait doter les Français d'une nouvelle carte nationale d'identité équipée d'une puce farcie de données biométriques, créant mécaniquement un « fichier des gens honnêtes »[33], tel qu'on la poétiquement appelé. Dans une saisine adressée aux sages de la rue Montpensier, cent vingt parlementaires s'inquiétaient d'un fichier qui « porte en germe la destruction pour l'avenir des possibilités d'exercice effectif du droit fondamental de résistance à l'oppression, corollaire indispensable à la liberté individuelle elle-même ». Le ton était solennel, les députés et sénateurs convoquant même les mots puissants du pasteur allemand Martin Niemöller, sanctionnant la lâcheté des intellectuels au moment de l'accession des nazis au pouvoir :

> Puis ils sont venus me chercher,
> Et il ne restait personne pour protester.

La terminologie de « gens honnêtes » marque avec éclat le changement d'échelle : dans la société hyperindustrielle

33. D'après l'expression de François Pillet, rapporteur UMP du texte au Sénat.

moderne, il ne s'agit plus de surveiller les fauteurs de troubles potentiels, les pauvres ou les nomades, mais d'inventorier chaque individu pour le transformer en entité mesurable. Théoriquement capable d'administrer l'infiniment grand, le TES serait aussi compétent pour superviser l'infiniment petit. D'une main, il peut tenir le registre de présence d'une population tout entière. De l'autre, il est en mesure de maintenir sous pression les quelques milliers d'ultras figurant au traitement des interdictions administratives de stade (IAS) ou les cent à deux cents personnes susceptibles de figurer dans l'ébauche d'un fichier national des personnes interdites de manifestations[34]. Convaincus de l'infaillibilité technique de telles architectures, les gouvernants peuvent à loisir se lancer dans la construction de forteresses vertigineuses, condamnées à être abandonnées au profit d'édifices encore plus ambitieux. En 2012, une personnalité politique inquiète tentait d'alerter l'opinion sur les dangers d'un fichier des « gens honnêtes » : « Aucune autre démocratie n'a osé franchir ce pas. Qui peut croire que les garanties juridiques que la majorité prétend donner seront infaillibles ? Aucun système informatique n'est impénétrable. Toutes les bases de données peuvent être piratées. Ce n'est toujours qu'une question de temps. » C'était un certain Jean-Jacques Urvoas, garde des Sceaux au moment de la création du TES, quatre ans plus tard.

34. Prévue dans le projet de loi dite « anticasseurs » voté en janvier 2019, la mesure a momentanément été abandonnée, au profit d'un versement au fichier déjà existant des personnes recherchées (FPR).

Les deux visages du citoyen

De la certification de l'identité, l'État – sous perfusion d'un secteur privé dont il réclame l'entière coopération, Google, Facebook et une myriade d'acteurs de taille diverse devenant des auxiliaires de police ou de justice – change inexorablement de paradigme, réduisant à intensité constante la citoyenneté à un simple profil, autrement dit une identité reconstituée, la somme informatique des traits constitutifs de notre personnalité ou celle de nos oppressions. À mesure que notre liberté d'aller et venir semble grandir – on peut sauter dans le premier avion ou bondir dans le premier train, pour peu qu'on fasse encore partie des « gens honnêtes » –, les technologies identitaires et disciplinantes se multiplient et se renforcent. Ce faisant, nous migrons collectivement de la photographie judiciaire vers la reconnaissance faciale, qui n'est rien d'autre que la mise en signal informatique des fiches anthropométriques de Bertillon. Quel est donc ce monde où un dispositif réservé à la traque des criminels récidivistes peut être étendu à l'ensemble de la population dans l'indifférence générale ? Certes, pour l'heure, les premières aventures officielles de cette nouvelle technologie s'articulent autour d'ALICEM (Authentification en ligne certifiée sur mobile), qui doit permettre aux titulaires d'un passeport biométrique ou d'un titre de séjour étranger électronique de s'identifier rapidement sur des services en ligne en utilisant leur visage comme un mot de passe universel. Ce n'est encore qu'un gadget qui répond à un double objectif de simplification administrative et de certification de l'identité. Mais on ne peut passer sous silence les inévitables développements policiers de la reconnaissance faciale. Dans une note du Centre de recherche de l'École des officiers de la gendarmerie nationale (CREOGN), un colonel d'inspiration visiblement saint-simonienne voit dans cette technologie *« qui ne peut être désinventée »* l'instrument d'une politique ambitieuse de mise sous tutelle de l'espace public : « Sous réserve d'algorithmes exempts de biais, elle pourrait mettre fin à des années de polémiques sur le contrôle au faciès puisque le contrôle d'identité serait permanent et général[35]. » L'argument de l'irrémédiabilité vient ainsi réduire le débat à une discussion sur les modalités de déploiement de la technologie. Le sujet commande pourtant la plus grande prudence. Aux États-Unis, la municipalité de San Francisco[36] a imposé un moratoire sur son utilisation à des fins sécuritaires. Et sa faillibilité technique n'est plus à démontrer : audité par des chercheurs, le logiciel testé par la police londonienne se trompe huit fois sur dix[37]. Pire encore, la reconnaissance faciale discrimine les personnes de couleur, dont elle lit mal le visage, ce qui a

35. Colonel Dominique Schoenher, « Reconnaissance faciale et contrôles préventifs sur la voie publique, l'enjeu de l'acceptabilité », Note du CREOGN, n° 43, septembre 2019.

36. Aux États-Unis, Oakland, Berkeley et Sommerville (dans la banlieue de Boston) ont également interdit la reconnaissance faciale pour la police. La municipalité d'Oakland songe quant à elle à étendre ce bannissement aux usages commerciaux.

37. Thomas Brewster, « London Police Facial Recognition "Fails 80 % Of The Time And Must Stop Now" », *Forbes*, 4 juillet 2019.

poussé Google à offrir cinq dollars à des sans-abri d'Atlanta pour pouvoir les photographier et améliorer l'intelligence artificielle qui motorise – grâce au visage – le déverrouillage de son téléphone dernier cri[38]. Jusqu'au début du siècle dernier, des pseudosciences entendaient classer les individus en fonction de leurs compétences ou de leur dangerosité sur la foi de critères physiques ou de la forme de leur crâne. Alors que la phrénologie et la physiognomonie produisaient une interprétation raciste de l'intelligence, la reconnaissance faciale s'apprête à produire une interprétation raciste du danger.

Si Ernst Kantorowicz a conceptualisé les « deux corps du roi » (l'enveloppe charnelle qui lui appartient et la fonction qui le dépasse), la reconnaissance faciale invente les deux visages du citoyen : celui qu'on porte, et celui qui ne nous appartient plus. Début 2019, la mairie de Nice du très sécuritaire Christian Estrosi a été approchée par une start-up messine, Two I, afin de déployer sur son réseau de tramway un logiciel capable de détecter les émotions des voyageurs. L'entreprise prétend détecter la peur dans un œil vagabond, le stress dans un froncement de sourcil, le bonheur dans un sourire timide. En s'appuyant sur les caméras de surveillance qui équipent déjà les rames, Two-I traite ensuite les bandes grâce à un algorithme, dont la mission consiste à repérer des suspects potentiels avant qu'ils ne passent à l'acte. « La cartographie émotionnelle

38. Jack Nicas, « Atlanta Asks Google Whether It Targeted Black Homeless People », *New York Times*, 4 octobre 2019.

en temps réel met en évidence des situations potentiellement problématiques voire dangereuses», indique l'entreprise sur son site. «Un déploiement dynamique des agents de sécurité dans une zone où la tension et le stress se font sentir est souvent un moyen simple pour éviter tout débordement.» À la fin des années 1970, le Commissariat à l'énergie atomique avait mis au point un profil psychologique de l'anti-nucléaire, préfigurant ce profilage grossier, qu'il soit corporel ou idéologique: «Ceux qui pensent que les centrales nucléaires sont dangereuses pensent également qu'il faut soutenir le mouvement pour le Larzac, qu'il faut imposer fortement les gros propriétaires, que la police n'est pas au service du citoyen, que les très grosses entreprises doivent être nationalisées, que la libération de l'avortement est une bonne chose, que les soldats devraient pouvoir constituer des syndicats, qu'il faut supprimer la peine de mort, qu'il faut travailler le moins possible, que le gouvernement ne fait pas assez pour lutter contre le chômage, qu'il faut limiter les pouvoirs à Paris[39].» Cette caricature de vilain gauchiste était mise en regard avec le profil moyen du pro-nucléaire, partisan du Concorde, des convenances et de Dieu, forcément de droite. Avec l'informatique, l'individu est devenu sécable, quantifiable. Avec la reconnaissance faciale, dernier développement des technologies identitaires, son visage mute en un agrégat incertain d'environ 900 points, archivés, exploités sans

39. Quatrième congrès international de radio-protection, Paris, 24-30 avril 1977, Recueil de communication, volume IV.

limites dans le temps et l'espace. Une gueule cassée, deux yeux mal alignés, une carnation de peau trop foncée, et c'est la machine qui déraille. Ces nouvelles nomenclatures rigides impliquent une déshumanisation stricte. Autrui n'est plus un infini irréductible, et le regard cesse d'être une épiphanie. « L'expression du visage, écrivait Levinas, se mue en résistance totale à la prise[40]. » À défaut d'être des matricules, nous voilà transformés en suites de caractères, passées à la moulinette d'algorithmes publics, privés, hybrides.

40. Emmanuel Lévinas, *Totalité et Infini*, Le Livre de poche, 1990 [1961].

Le déclic Snowden

La double privatisation de la surveillance

2 juin 2013 : reclus dans une chambre de l'hôtel Mira de Hong Kong, dont il a préalablement tiré les rideaux, Edward Snowden est sur le point de devenir une personnalité d'envergure mondiale. Une sorte de Magellan de la surveillance, grâce à qui le monde va pouvoir cartographier un continent inquiétant. Arrivé d'Hawaii dix jours plus tôt, l'informaticien de 29 ans a apporté dans ses valises quelques sous-vêtements et le scoop de l'année. Ancien employé de la CIA, il travaille au service de la National Security Agency (NSA), l'agence de renseignement américaine spécialisée dans l'interception des télécommunications, dont il est déterminé à livrer les secrets. Depuis six mois, Snowden essaie d'attirer l'attention de Glenn Greenwald, avocat franc-tireur reconverti journaliste au *Guardian*. Après avoir passé dix ans dans les prétoires à défendre les

libertés publiques, celui-ci s'est transformé en blogueur agressif après le 11-Septembre, conspuant quotidiennement l'impérialisme de l'Oncle Sam. En décembre 2012, le lanceur d'alerte en gestation envoie à Greenwald « un email aux contours très vagues », comme me l'expliquera lui-même ce dernier un soir de novembre 2013, attablé dans le restaurant d'un grand hôtel de Rio, où il réside depuis de longues années[41] : « Il me demandait simplement d'installer ce logiciel de chiffrement pour pouvoir communiquer de manière confidentielle. Je lui ai répondu que j'allais le faire, sans donner suite. Vous savez, il y a un Edward Snowden sur un million de personnes. 99 % du temps, on me contacte pour me proposer des histoires inintéressantes, et je n'ai pas pensé qu'il en valait la peine. » Face à ce mur de silence, Snowden n'abdique pas, envoie un tutoriel pédagogique décrivant étape par étape comment établir un canal sécurisé afin de communiquer. Rétrospectivement, Greenwald s'amuserait presque d'avoir failli passer à côté de révélations planétaires par simple paresse : « Comment confier à un type les documents les plus explosifs de l'histoire de la NSA s'il n'est même pas capable d'installer un logiciel pour les récupérer ? » Frustré de n'obtenir aucune réponse, Snowden finit par contacter la documentariste Laura Poitras, qui connaît parfaitement ces questions depuis que les autorités aéroportuaires américaines lui confisquent son matériel à chaque passage de frontière. Elle convainc

41. Glenn Greenwald, « Je suis assis sur une montagne de documents, chacun d'entre eux est digne d'intérêt », *Télérama*, 5 décembre 2013.

Glenn Greenwald. Accompagnés d'un autre journaliste chevronné du *Guardian*, Ewen MacAskill, Greenwald et Poitras s'envolent pour Hong Kong afin de rencontrer leur source, qui les attend dans un centre commercial muni d'un Rubik's Cube. C'est le signal. La suite appartient aux livres d'Histoire et à l'imaginaire collectif. Après la publication d'un premier article le 5 juin 2013, Edward Snowden révèle son identité deux jours plus tard. La fine équipe s'attend à voir des pandores armés jusqu'aux dents enfoncer la porte de leur chambre d'une minute à l'autre. Ce qui n'arrivera finalement pas. Près de sept ans plus tard, que reste-t-il des révélations du lanceur d'alerte ? S'il n'a cessé de condamner la méthode, Barack Obama a lui-même reconnu les « questions légitimes » soulevées par l'ancien soutier du renseignement. Et s'il ne fallait conserver qu'une poignée de graphiques de son butin d'utilité publique, nul doute qu'il s'agirait de ceux concernant programme PRISM. Le 6 juin 2013, le *Washington Post* publie un article choc : neuf entreprises majeures des nouvelles technologies – Microsoft, Apple, Google, YouTube, Facebook, AOL, Skype et Paltalk – collaborent avec la NSA depuis 2007 afin que celle-ci puisse se servir à sa guise sur leurs serveurs informatiques, y piochant photos, emails et documents[42]. Ce blanc-seing négocié dans le secret marque un changement de paradigme, qui matérialise l'entente cordiale entre les grandes oreilles

42. Barton Gellman et Laura Poitras, « U.S., British Intelligence mining data from nine U.S. Internet companies in broad secret program », *Washington Post*, 6 juin 2013.

étatsuniennes et les plateformes. « Je pensais servir mon pays, je me suis retrouvé à travailler pour lui », s'émeut Snowden dans son autobiographie[43]. Car l'histoire dont il s'est fait le messager est avant tout celle d'une double privatisation de la surveillance. Celle d'une sous-traitance d'abord : Booz Allen Hamilton, l'entreprise pour laquelle il travaillait au moment de prendre la tangente, fait partie de ces sous-traitants sollicités plus que de raison par l'administration américaine depuis le 11-Septembre. Celle d'une hybridation ensuite : obsédée par la quête systématique de données venues du monde entier qu'elle thésaurise jusqu'à la nausée, la NSA a besoin de s'appuyer sur les échangeurs autoroutiers qui voient circuler les informations en nombre.

De quoi Snowden est-il le nom ?

Propulsé éditorialiste en exil et conférencier dématérialisé[44], Snowden est depuis devenu parole d'évangile dès lors qu'il s'agit de commenter les actions invisibles de l'État profond *(deep state)*, au mépris de l'État de droit[45]. Qui mieux qu'un repenti ayant chipé – selon le Congrès – 1,7 million de documents classifiés au nez et à la barbe de

43. Edward Snowden, *Mémoires Vives*, Seuil, 2019.

44. Grâce au « Snowbot », un écran perché sur une sorte d'aspirateur, le lanceur d'alerte peut intervenir dans le monde entier en temps réel.

45. Ressuscité par Donald Trump, qui ne cesse de le vilipender, l'État profond désigne (parfois jusqu'au conspirationnisme) l'emprise d'une hiérarchie parallèle à l'intérieur des institutions.

l'agence la mieux renseignée de la planète pour jouer les pythies numériques et nous avertir du danger qui guette à l'horizon ? Suivi par quatre millions de personnes sur Twitter où il prend régulièrement la parole dans des messages ciselés, il a agi comme un révélateur au sens chimique du terme, rendant beaucoup plus nette la photographie du contrôle. À cet égard, Snowden pourrait fort ressembler à un anticorps citoyen développé pour compenser les effets d'une collecte unilatérale d'informations. Il est désormais – irrémédiablement peut-être – le mètre étalon de la surveillance de masse, quand bien même d'autres journalistes ont, dans les affres de l'après 11-Septembre, révélé leur lot de programmes secrets et illégaux (Stellar Wind[46] dans le *New York Times* en 2004, par exemple). En prenant publiquement la parole, Snowden a aussi précipité une recomposition idéologique, décrite avec acuité et mauvaise foi par l'universitaire Tamsin Shaw[47]. À l'époque des révélations, les libéraux américains vivent encore dans la longue traîne de la « guerre contre la Terreur », traumatisés par les mensonges de la guerre en Irak, les faux échantillons de Colin Powell et des armes de destruction massive que personne n'a jamais vues. Dans ce contexte, les informations distillées par Edward Snowden depuis son donjon hongkongais bornent moins les nouveaux territoires de la surveillance

46. Ce programme clandestin, lancé par G. W. Bush après le 11-Septembre, a permis à la NSA de surveiller les télécommunications des citoyens américains.

47. Tamsin Shaw, *Edward Snowden Reconsidered*, 13 septembre 2018.

que la duperie pathologique du pouvoir américain, qui n'a pas hésité à capitaliser sur les ruines encore fumantes du World Trade Center. « Snowden, un agent dissident de l'appareil sécuritaire brandissant sa Constitution de poche, a été perçu comme un Américain patriote, mais pour les alliés qu'il s'est choisis, il est l'autorité qui dévoile la profondeur sans bornes de l'hypocrisie américaine », écrit ainsi Shaw, qui voit dans cette affaire une jonction cruciale entre deux camps qu'on pensait irréconciliables. Aux yeux d'une partie du public et des titres de presse qui collaborent avec lui, Snowden présente l'immense avantage d'être un agent incolore, une inoffensive tête de nerd à lunettes à l'instinct sacrificiel, fils et petit-fils de fonctionnaires au service de la sécurité nationale. Il suffit de lire le portrait qu'en dresse Alan Rusbridger, patron du *Guardian* en 2013 : « Ses motivations sont remarquables. Il est parti pour révéler le véritable comportement de la NSA. Il n'a pas d'intérêt financier, pas plus que de sentiments gauchistes ou marxistes qui pourraient faire de lui un anti-Américain. Au contraire, il défend avec enthousiasme la Constitution, et comme beaucoup d'autres hacktivistes (contraction de hacker et activiste), il soutient le politicien libertarien[48] Ron Paul, dont les positions sont bien à droite de nombreux Républicains[49]. » Un tel pedigree indiquerait

48. Très spécifique aux pays anglo-saxons, la philosophie libertarienne repose sur la liberté individuelle conçue comme fin et moyen, le rôle de l'État étant réduit au minimum.

49. Luke Harding, *The Snowden Files : The Inside Story of the World's Most Wanted Man*, Vintage Books, 2014.

nécessairement que quelque chose cloche au plus profond de l'appareil sécuritaire. L'historien Sean Wilentz, lui, estime que la position anti-autoritaire n'est qu'une posture destinée à camoufler le véritable objectif des zélotes de la vérité: «Blesser l'État libéral moderne[50].» Ces arguties campistes semblent oublier, peut-être à dessein, que l'architecture de contrôle mise en place par la NSA dépend de plus en plus de l'État libéral moderne si cher à Wilentz. Au tournant du troisième millénaire, le milieu du renseignement américain et ses alliés – rassemblés au sein des «Five Eyes», comprenant les États-Unis, le Royaume-Uni, le Canada, l'Australie et la Nouvelle-Zélande – commencent à s'inquiéter de l'obsolescence de leurs outils. Le journaliste écossais Duncan Campbell, qui fut le premier à révéler l'existence du programme Echelon en 1988[51], un système mondial d'interception des communications mis en place par les Five Eyes, raconte ainsi comment les barbouzes, au tournant du nouveau millénaire, craignent d'être mis au chômage technique par la démocratisation d'Internet:

> Depuis le milieu des années 90, les agences d'espionnage des communications ont rencontré de sérieuses difficultés pour maintenir un accès global aux systèmes de communication. Ces difficultés vont s'accroître à partir

50. Sean Wilentz, «Would You Feel Differently About Snowden, Greenwald, and Assange If You Knew What They Really Thought?», *The New Republic*, 19 janvier 2014.

51. Duncan Campbell, «They've got it taped», *The New Statesman*, 12 août 1988.

> de l'an 2000. La raison majeure en est le glissement des télécommunications vers les réseaux de fibres optiques à haute capacité. [...] Internet et le marché global ont créé un libre flux d'informations, de systèmes et de logiciels. [...] Reconnaissant le fait, les États-Unis libéralisèrent en janvier 2000 leur régime d'exportation de méthodes de cryptage [sic], permettant à des citoyens et à des entreprises non américains d'acheter et d'utiliser des produits de cryptage puissants[52].

Cette adaptation des services de renseignement à l'économie de marché va dès lors se traduire par une coopération systématique avec les entreprises privées qui règnent sur les réseaux. En 1997, George Tenet, le patron de la CIA, se met déjà en tenue pour « nager dans la Silicon Valley » et crée même un fonds d'investissement dédié, In-Q-Tel.

Le processus sera évidemment facilité par le 11-Septembre, tournant sécuritaire qui offre à la NSA un blanc-seing afin d'expérimenter des techniques toujours plus agressives pour collecter l'information. Dans le cadre de la loi, certes, mais une loi d'exception, le Patriot Act. En 2006, Mark Klein, un technicien d'AT&T, révèle l'existence de la pièce 641A, située au sixième étage d'un immeuble de l'opérateur téléphonique, au 611 Folsom Street à San Francisco. La NSA y intercepte massivement les télécommunications qui transitent sur le sol américain. Procès. Sans suite. Des années plus tard, le site The Intercept révélera

52. Duncan Campbell, *Surveillance électronique planétaire*, Allia, 2001.

l'existence de sept autres centres d'écoute, camouflés à l'intérieur d'immeubles brutalistes sans fenêtres, à Atlanta, Chicago, Dallas, Los Angeles, New York, Seattle et Washington D.C.[53]. Ces bunkers aussi fascinants qu'effrayants, nichés au cœur des villes, sont là pour rappeler que les dispositifs de surveillance ont largement pénétré l'espace public, et que leur clandestinité s'accompagne sans mal d'une visibilité évidente dans l'environnement. L'exemple de PRISM montre bien la finesse de la cloison qui sépare les entreprises de la Silicon Valley des services de renseignement. D'autant plus que le petit milieu de l'espionnage d'État est jalonné de passerelles avec le secteur privé. Directeur de la NSA entre 1992 et 1996, le vice-amiral Mike McConnell a ensuite été vice-président de Booz Allen Hamilton (l'ex-employeur d'Edward Snowden) entre 1996 et 2006, avant d'être nommé directeur national du renseignement entre 2007 et 2009 pour ensuite retourner chez Booz Allen. Un parcours que partage James Clapper, patron du renseignement entre 2010 et 2017. Cette intrication incestueuse s'étend désormais aux oligopoles de la donnée et, en juin 2013, quelques semaines après les révélations de la presse, Max Kelly, chef de la sécurité de Facebook, acceptait un poste à la NSA. Quant à la nouvelle directrice juridique de Facebook, Jennifer Newstead, elle a participé à la rédaction du Patriot Act. C'est aujourd'hui un plan de carrière absolument cohérent.

53. Ryan Gallagher et Henrik Moltke, « The Wiretap Rooms », The Intercept, 25 juin 2018.

Ce n'est pas un hasard si l'affaire Snowden a mécaniquement poussé les journalistes à scruter de plus près les arrière-cuisines des géants du numérique : non seulement leur position stratégique dans l'existence des individus fait d'eux des nœuds vitaux de la circulation de l'information, mais ils partagent l'obsession sécuritaire pour l'anticipation et la prédiction des comportements. C'est le modèle économique de Facebook autant que la lettre de mission de la NSA, et donc leur destin commun. De points d'eau mal fréquentés à la profondeur incertaine, Google, Facebook et consorts sont devenus des amis, des vrais, la surveillance dite de masse devenant peu à peu indissociable du capitalisme de surveillance déployé par les plateformes. On peut même dire qu'elles se nourrissent mutuellement.

II

Capitaliser

Le projet politique de la Silicon Valley

La nouvelle conquête de l'Ouest

« C'est ici en Californie, à San Francisco, que s'invente le monde de demain, celui du XXIe siècle. C'est ici qu'une révolution a été lancée à travers les nouvelles technologies et qui attire tous les talents du monde. C'est pourquoi les Français sont présents. C'est ici que, sur la santé, l'énergie et les nouvelles technologies de l'information, sont créés les produits, les médicaments ou les innovations qui vont bouleverser la vie de nos concitoyens, ici aux États-Unis comme partout dans le monde. C'est pourquoi nous sommes fiers qu'il y ait plus de trois cents entreprises françaises qui soient installées à San Francisco et, plus largement, en Californie. Nous sommes également fiers qu'un tiers des investissements américains en France viennent de Californie. » Ce 12 février 2014, François Hollande est en visite officielle et mène une opération de charme auprès des expatriés. Depuis l'hôtel de ville de San Francisco, le président de la République appelle résolument de ses vœux une coopération franco-californienne pour « parvenir à un monde meilleur ». Mais le chef de l'État sait-il vraiment où il a mis les pieds ? De capitale de la contre-culture, berceau de la Beat Generation et des droits civiques, la cité côtière est devenue un cauchemar gentrifié, la Silicon Valley voisine ne suffisant plus à contenir l'afflux toujours plus important d'ingénieurs chercheurs d'or. Quand François Hollande y prononce ces mots, des bus immaculés aux vitres teintées convoient quotidiennement 14 000 salariés des pentes de San Francisco vers Menlo Park (le siège de Facebook) ou Mountain View (celui de Google). « GBUS to MTV », annoncent silencieusement les pullmans, attendus tout aussi silencieusement par des colonnes de soldats de l'innovation, badge apparent et bouche cousue. Régulièrement attaqués par des locaux qui les bombardent d'œufs en attendant d'être expulsés de chez eux en raison de la flambée des prix de l'immobilier, ces véhicules dessinent une nouvelle géographie de la ville, alors même que le réseau de transport public n'en finit plus d'être dysfonctionnel. L'ironie est cruelle : cinquante ans plus tôt, Furthur, un autre autocar, celui de l'écrivain Ken Kesey et de ses Merry Pranksters, propulsé au LSD, entamait son voyage inaugural à La Honda, à quelques encablures de là. C'était le début d'un prosélytisme hippie qui allait parcourir les États-Unis et les secouer de spasmes psychédéliques. Depuis que la Silicon Valley est devenue l'épicentre de l'innovation technologique au tournant des années 1970, cette zone géographique autonome n'a cessé de s'étendre, au point de dévorer San Francisco. Dès 2013, la métropole attirait 7 milliards de dollars de capitaux, trois de plus que la Valley[1]. À SoMa, un ancien quartier louche au plan orthogonal, les développeurs en bermuda ont investi des entrepôts décrépis. Twitter y a installé son siège dans un bunker Arts déco posé au milieu des sans-abri du Tenderloin et des fonds de commerce abandonnés, à la faveur d'une exemption fiscale de la mairie. Deux miles à l'est, on retrouve Dropbox, leader du cloud, ses neuf cents salariés – vingt-cinq nouveaux par semaine –, ses bières à volonté et ses bureaux montés sur vérins hydrauliques ; un mile au sud, c'est Airbnb et sa salle de commandement, réplique exacte de celle du Docteur Folamour ; entre les deux, sur Brannan Street, des myriades de start-up bourgeonnent en guettant la bascule financière et les valorisations stratosphériques. Après avoir profité de l'hospitalité d'une municipalité qui a vu d'un œil bienveillant l'arrivée d'une manne providentielle, les ouvriers de la Silicon Valley ont fini par rendre impossible la vie de ceux qui n'embrassent pas le futur aussi radicalement qu'eux. Sur le plan immobilier, San Francisco est devenu la ville la plus chère des États-Unis, refuge d'ultra-riches obsédés par le futur... de leurs performances financières. Elle a été littéralement consumée par une idée. Mais laquelle ?

---

1. Richard Florida, *San Francisco, not Silicon Valley, is the hub for US venture capital*, Quartz, 17 juin 2013 (source : Martin Prosperity Institute).

Contrairement à la sidérurgie, à l'agroalimentaire ou même aux assurances, les chapelles numériques n'ont rien d'autre à vendre que des promesses d'avenir. Elles sont bâties sur la confiance, sinon la croyance, de leurs utilisateurs, émulée par celle des concepteurs. Depuis le développement des semi-conducteurs nécessaires à l'industrie du transistor dans les années 1950, c'est une terre meuble de génies despotiques persuadés de bâtir le *monde meilleur* loué par François Hollande. Le physicien William Shockley, prix Nobel en 1956 et père fondateur de la Silicon Valley – c'est lui qui y a introduit le silicium, *silicon* en anglais –, a été l'un des pionniers de cette grande aventure entrepreneuriale, libérée des contraintes horaires et du rythme avilissant d'une vie rangée qu'offraient les grandes entreprises de la côte Est. William Shockley offrait à ses équipes une authentique ruée vers l'or, la promesse d'une existence vouée au progrès et à l'invention permanente. C'était également un manager paranoïaque, n'hésitant pas à soumettre ses employés au détecteur de mensonges, suspectant un complot contre lui après qu'une secrétaire se fut coupé un doigt sur un clou trop saillant[2]. Cet optimisme inconditionnel vis-à-vis de la technologie est profondément ancré dans le patrimoine idéologique de la Valley, construction authentiquement californienne. De ce point de vue, il est impossible de dissocier sa naissance

2. Michael Riordan et Lillian Hoddeson, *Crystal Fire: The Invention of the Transistor and the Birth of the Information Age*, W. W. Norton & Company, 1999.

et son développement du contexte politique qui l'entoure. Au milieu des années 1960, l'heure est aux beatniks, à la Nouvelle Gauche *(New Left)*, aux batailles pour les droits civiques et à la protestation toujours plus intense contre la guerre du Vietnam. Déterminés à échapper à l'inertie d'une vie régie par les contingences de la politique, certains hippies répondent à l'appel du « nouveau communalisme », tel que le nomme le chercheur Fred Turner, qui dirige le département des sciences de la communication de l'université de Stanford[3]. Ils prennent le maquis vers les grands espaces du Colorado ou du Nouveau-Mexique, et se rêvent en communautés autonomes, prônant un retour à la nature et une vie en autarcie sous des dômes géodésiques inspirés par l'architecte visionnaire Richard Buckminster Fuller. Certains d'entre eux opéreront une jonction avec la Silicon Valley naissante. Ces cow-boys nomades constitueront la couche techno-optimiste du milieu, persuadés que le pouvoir libérateur de la technologie affranchira l'Homme de toutes les contraintes imposées par le pouvoir. Cette frange croit aux valeurs du partage, du bidouillage, du hacking et – plus tard – du logiciel libre. Un outil, une infinité de fonctions.

3. Fred Turner, *Aux sources de l'utopie numérique. De la contre-culture à la cyberculture*, C&F, 2012.

Naissance d'un complexe industriel de la donnée

Pourtant, à l'automne 1964, un épisode emblématique de l'histoire étudiante américaine vient démontrer l'inévitable tension entre les technologies de l'information naissantes et la liberté inaliénable des individus. Quelques semaines après l'annonce de l'interdiction des activités politiques à l'université de Berkeley, un étudiant en mathématiques, Jack Weinberg, est interpellé à la sortie d'une réunion du Congress for Racial Equality (CORE), une organisation afro-américaine de défense des libertés publiques, et refuse de fournir sa pièce d'identité à la police du campus. Un mouvement de protestation germe, et des milliers d'étudiants se réunissent pour sauvegarder leur liberté d'expression. La grogne se trouve un symbole à repousser : la carte perforée IBM qu'utilise l'administration de la faculté pour gérer l'inscription et la circulation des élèves. Pour les protestataires, inquiets de voir la technologie redéfinir les modalités de la vie en société, ce dispositif aliénant est la métaphore d'un système bureaucratique qui les considère comme des nombres et organise la vie du campus comme la chaîne de montage d'une usine. Sur le modèle des conscrits brûlant leur ordre d'incorporation pour dénoncer l'engagement américain au Vietnam, certains étudiants de Berkeley se mettent à détruire leurs cartes IBM. D'autres préfèrent les *pirater* en les perforant de la mention « FSM », pour Free Speech Movement. Ils les arborent au revers de leur veste, et parfois on peut y lire : « Je suis étudiant : ne pas plier, perforer ou découper », reprenant l'inscription figurant sur les sésames honnis[4]. Cet intense moment de contestation est une poussée de fièvre technocritique. Dans un discours du 2 décembre 1964 passé à la postérité, Mario Savio, l'un des leaders du mouvement, porte cette parole émancipatrice :

> Quand le fonctionnement d'une machine devient aussi détestable, qu'il vous rend malade, vous devez faire obstacle à ses mécanismes, ses rouages, ses leviers, et vous devez l'arrêter ! Et vous devez faire savoir aux personnes qui les gèrent, aux personnes qui les possèdent, qu'à défaut de liberté, vous empêcherez la machine de fonctionner[5].

Savio n'évoque pas seulement les cartes perforées IBM qui permettent d'administrer des milliers d'étudiants comme des paquets de données d'un super-ordinateur. Son regard porte plus loin, à l'échelle d'une société informatisée ; il stigmatise la gestion du président de l'université, Clark Kerr, accusé d'être un agent à la solde du capital transformant les étudiants en marchandises ou, pire, en force de travail. Cet épisode est doublement intéressant : tout en actant une résistance prémonitoire à une forme de contrôle social sur le point de se généraliser, il démontre la foi du pouvoir – ici universitaire – dans le potentiel émancipateur de la technologie.

4. Steven Lubar, « Do Not Fold, Spindle or Mutilate : A Cultural History of the Punch Card », *The Journal of American Culture*, 1992.

5. *Ibid.*

De l'autre côté du pays, à Cambridge, au Massachusetts Institute of Technology (MIT), quelques élèves s'emparent des premiers ordinateurs installés sur le campus pour les bidouiller. À l'époque, les machines n'ont rien à voir avec nos bijoux technologiques au design ergonomique. Ce sont des armoires normandes farcies de câbles qui ne se laissent apprivoiser qu'au prix de l'entêtement. Depuis le début des années 1950, le MIT possède son club de bricoleurs acharnés, le Tech Model Railroad Club. Initialement composé de passionnés de modélisme ferroviaire – d'où son nom –, ce rassemblement joyeusement libertaire pose les bases de l'éthique hacker, résumée dans le slogan forgé par un de ses éminents membres, Peter Samson : « L'information veut être libre[6]. » Méfiants vis-à-vis du pouvoir centralisé, les hackers croient au ludisme du travail. Pour eux, les ordinateurs doivent rester un jeu[7]. Un homme va se charger d'organiser la rencontre entre le monde des petits génies et celui des grands mécontents. Il s'appelle Stewart Brand. Diplômé en biologie de l'université de Stanford, ce touche-à-tout initié au LSD et à l'acide est persuadé que l'informatique, au même titre que les psychotropes, permet d'accéder à un nouvel état de conscience. Après avoir organisé un événement au nom explicite – le Trips Festival –, il se rapproche de

6. Réfractaire à toute notion de propriété, la formule est régulièrement attribuée à Stewart Brand, qui l'a prononcée à la première Hackers Conference, en 1984.

7. Steven Levy, *Hackers, Heroes of the Computer Revolution*, Doubleday, 1984.

l'ingénieur Douglas Engelbart, fondateur de l'Augmentation Research Center, un laboratoire de recherche administré par l'université de Stanford et financé par l'armée. Le 9 décembre 1968, à San Francisco, devant un parterre d'un millier de personnes, Brand assiste Engelbart lors de la présentation de l'oN-Line System, un terminal capable « d'augmenter l'intelligence humaine ». Pendant quatre-vingt-dix minutes, Engelbart est filmé en train de manipuler la première souris jamais créée, de taper du texte, de cliquer sur des liens ou d'échanger en vidéoconférence avec des collègues à Menlo Park, à quelques kilomètres de là. « Imaginez la valeur que vous pouvez tirer de tout ça », s'enthousiasme l'informaticien. Brand est le metteur en scène de cette séquence inédite, baptisée plus tard *« Mother of all demos »* (la mère de toutes les présentations). Aujourd'hui, la *keynote* est devenue l'exercice imposé des marques technologiques lorsqu'elles présentent des produits *nécessairement* révolutionnaires. Mais l'influence de Stewart Brand ne se limite pas à la médiatisation des balbutiements technophiles. Au même moment, il publie le premier *Whole Earth Catalog*, catalogue de vente par correspondance alternative. « Accès aux outils », indique le sous-titre, quand la couverture reprend la photographie du *Lever de Terre,* prise par un astronaute de la mission Apollo 8. Avec ce catalogue de 64 pages vendu au prix de 5 dollars, l'iconoclaste Brand entend proposer un kit complet d'émancipation du corps et de l'esprit. Une partie est entièrement consacrée aux communications et, entre un tipi indien et un livre sur la faune aquatique, on peut commander le Hewlett-Packard 9100A, un ancêtre de l'ordinateur personnel disponible pour la somme de 4 900 dollars. Au milieu de ces objets de consommation se nichent quelques lignes en forme de manifeste, qui renseignent utilement sur l'objectif d'un tel inventaire : « Un royaume du pouvoir intime et personnel se développe – le pouvoir de chacun de conduire sa propre éducation, de trouver sa propre inspiration, de façonner son propre environnement, et de partager son aventure avec n'importe qui. » À dessein ou non, le *Whole Earth Catalog* est un guide de l'entrepreneur, un vade-mecum pour maîtriser son propre destin, une notion qui s'avérera cruciale dans la construction idéologique de la toute-puissante Silicon Valley. Lors de son célèbre discours devant les étudiants de Stanford le 14 juin 2005, Steve Jobs lui rendra d'ailleurs hommage en usant d'une analogie signifiante : « Quand j'étais jeune, il y avait cette publication incroyable qui s'appelait le *Whole Earth Catalog*, c'était l'une des bibles de ma génération. [...] C'était la fin des années 1960, avant les ordinateurs personnels, et il était donc mis en page avec des machines à écrire et des ciseaux. C'était un peu Google en papier, trente-cinq ans avant Google ; c'était idéaliste, rempli de super outils et de belles notions. » Tiré à 1 000 exemplaires, le *Whole Earth Catalog*, réédité à de multiples reprises, s'est depuis vendu par millions, devenant un élément important de la culture populaire américaine. Sous ses dehors presque insurrectionnels, il préfigure pourtant l'« idéologie californienne » décrite par Richard

Barbrook et Andy Cameron en 1995[8]. « [Elle] a émergé d'une étrange fusion entre la culture bohémienne de San Francisco et les industries de haute technologie de la Silicon Valley. [...] L'idéologie californienne combine l'esprit d'indépendance des hippies et le zèle entrepreneurial des yuppies », écrivent les deux chercheurs dans leur propos introductif pour décrire cette orthodoxie hybride, « rendue possible par la croyance universelle dans un déterminisme technologique ». Alors qu'on aurait pu les croire en opposition, les dévots des communautés virtuelles horizontales[9] ouvrent la voie aux forces du marché, pour qui les nouvelles technologies représentent autant une manne financière inespérée qu'un moyen redoutable d'accomplir leur destin politique. Ici réside le point de contact entre les hippies connectés et les *serial entrepreneurs* libertariens qui vont faire main basse sur la Silicon Valley dans les années 1990 : l'inébranlable foi dans un monde débarrassé de l'intervention de l'État. Avec l'irruption du capital-risque et de son champ lexical schumpetérien – la « destruction créatrice » –, la région de San Francisco devient le terrain d'expérimentation des savants fous de l'ultra-libéralisme. Une idée mal fagotée peut alors attirer des millions de dollars dans l'espoir d'un retour sur investissement. La quête d'un *monde meilleur*, elle, se résume à

8. Richard Barbrook et Andy Cameron, « The Californian Ideology », *Mute*, n° 3, septembre 1995. L'analyse des deux théoriciens des médias de l'université de Westminster a depuis été révisée plusieurs fois.

9. Howard Rheingold, *The Virtual Community, Homesteading on the Electronic Frontier*, Addison Wesley, 1993.

une aspiration peu originale : devenir millionnaire, et plus si affinités. À l'approche du troisième millénaire, la distorsion avec la réalité est de plus en plus criante dans ce micro-monde abandonné à la financiarisation sauvage : en 1999, un an avant l'éclatement de la première bulle Internet, on dénombre 457 introductions en Bourse[10]. Le joyeux esprit psychédélique des années 1960 continue peut-être de s'incarner au Burning Man – rendez-vous annuel et désertique des *techies* en quête de relâchement à la sauce New Age –, mais dans la Silicon Valley, c'est bien l'individualisme forcené des libertariens qui a pris le pouvoir sur les rêves partagés en réseau. « Les entreprises technologiques ont bâti leur modèle économique en même temps que leur mythologie. Elles construisent une utopie, mais une utopie pour elles-mêmes », analyse encore Fred Turner[11]. Trop occupés à changer – fracturer serait plus adapté – le monde, ces bâtisseurs ultra-modernes ont à peine le temps d'améliorer leur quotidien en cultivant un entre-soi à la limite de l'eugénisme. Ainsi, le *venture capitalist* Tim Draper préconise-t-il depuis plusieurs années la scission de la Californie en six États, afin d'offrir son autonomie à la Silicon Valley, qui serait enfin défaite du joug de l'État fédéral tout juste bon, répète-t-il, à lui ponctionner de l'argent. Dans ce projet de société, nous faisons face à un peuple sans Histoire, pratiquant systématiquement la

10. Fabien Benoit, *The Valley. Une histoire politique de la Silicon Valley*, Les Arènes, 2019.

11. Entretien avec l'auteur.

politique de la table rase au profit d'une économie en marche forcée vers un futur indépassable. Quoi de mieux qu'un horizon perpétuellement repoussé pour garantir un afflux continu de capitaux ? Dans ce pays qui refuse d'en être un, les conditions générales d'utilisation de services privés ont remplacé les lois, et à force de rejeter l'État, ses adversaires aux ambitions de démiurges ont fini par s'y substituer. Récemment, on a pu entendre Tim Cook, le patron d'Apple, s'égosiller contre « un complexe industriel de la donnée », un Far West qui doit urgemment être régulé. Un choix lexical qui n'est pas sans rappeler le complexe militaro-industriel, cet attelage entre le public et le privé loué par Eisenhower pour soutenir l'effort de guerre, puis solidifier l'hégémonie américaine. Les mots du successeur de Jobs ont un sens : ils signifient qu'il n'est plus question de nier la coopération entre les États et les entreprises dans la conduite de la surveillance.

Peter Thiel, modèle ultime du capitaliste de surveillance

Aujourd'hui, la Silicon Valley ne veut plus se contenter d'être l'alliée objective d'un pouvoir politique qu'elle prétend juguler : certains de ses idéologues les plus entreprenants entendent bien le dépasser une bonne fois pour toutes. Peter Thiel incarne mieux que quiconque ce virage quasi mystique vers ce qu'il convient d'appeler une technocratie autoritaire. Né en 1967 à Francfort, spécialiste de la théorie mimétique de René Girard, il impose sa singularité par ses positions particulièrement conservatrices. Soutien financier de longue date du Parti républicain, il a cofondé le service de paiement en ligne PayPal et peut se targuer d'être le premier investisseur extérieur de Facebook, où il possède un siège au conseil d'administration. En cas d'apocalypse, Thiel a acquis la citoyenneté néo-zélandaise dans le seul but de faciliter l'achat d'un terrain bunkerisé où se réfugier[12]. Mais avant d'être un millénariste paranoïaque ou un collapsologue prévoyant, Peter Thiel s'est démarqué depuis 2016 en étant le seul argentier de la Silicon Valley à soutenir publiquement Donald Trump. Quand l'histrionique président a convié le gratin des nouvelles technologies dans sa tour en décembre 2016, Thiel était là, assis immédiatement à sa gauche. Il a été membre de l'équipe de transition, puis de l'éphémère conseil économique de Trump. S'il n'a pas renié son pedigree idéologique, l'homme d'affaires s'est payé le luxe d'une mise à jour logicielle. Dans les premières lignes d'un texte publié en 2009 sur le site du Cato Institute, le très libertarien think tank des frères Koch[13], il confesse ainsi avoir « radicalement changé d'avis » quant à la meilleure manière de matérialiser ses idéaux de jeunesse : l'opposition « aux taxes confiscatoires, aux collectifs totalitaires et à l'inévitabilité de la mort ». Ne ménageant pas le suspense plus longtemps,

12. Tad Friend, « Sam Altman's Manifest Destiny », *The New Yorker*, 3 octobre 2016.

13. Quatrième fortune mondiale à eux deux, Charles et David Koch (ce dernier est décédé en août 2019) soutiennent non seulement la baisse des taxes et des impôts, mais aussi les théories climatosceptiques.

Thiel assure qu'il « ne croit plus que la liberté et la démocratie soient compatibles[14] ». Une de ses aventures entrepreneuriales – la plus significative politiquement – trahit d'ailleurs ce sentiment. En 2004, grâce à un coup de pouce d'In-Q-Tel, le fonds d'investissement de la CIA, il cofonde Palantir, une start-up qui emprunte son nom au *Seigneur des Anneaux*. Chez Tolkien, c'est le nom d'une pierre elfique qui permet de voir partout, tout le temps. Pour Thiel, c'est une entreprise valorisée à 20 milliards de dollars, spécialisée dans l'analyse de données, qu'elle compacte et croise à des fins prédictives. Parmi ses clients, on retrouve la banque JPMorgan, Airbus, des services de police américains et notre Direction générale du renseignement intérieur (DGSI). Nous aurons l'occasion d'y revenir plus en détail[15]. Grâce à un contrat à 41 millions de dollars alloué par les douanes américaines en 2014, l'entreprise est devenue *ipso facto* l'architecte de la politique d'expulsion d'immigrés de Trump[16]. Et de nouveaux documents obtenus par The Intercept en mai 2019 prouvent que la société aide les autorités américaines à traquer les familles d'enfants migrants franchissant la frontière[17]. Ce faisant, Palantir est une aubaine pour le locataire de la Maison-Blanche.

---

14. Peter Thiel, « The Education of a Libertarian », Cato Unbound, 13 avril 2009.

15. Voir le chapitre « Les mensonges du Big Data ».

16. Spencer Woodman, « Palantir Provides The Engine For Donald Trump's Deportation Machine », The Intercept, 2 mars 2017.

17. Sam Biddle et Ryan Devereaux, « Peter Thiel's Palantir Was Used To Bust Relatives Of Migrant Children, New Documents Show », The Intercept, 2 mai 2019.

Convaincu de l'existence d'un « État profond » composé de fonctionnaires factieux œuvrant à son échec, il peut ainsi compter sur un service de renseignement loyal et privatisé. Aujourd'hui, à n'en pas douter, Palantir serait un excellent moyen de discipliner les étudiants rebelles de Berkeley. Et Peter Thiel de dessiner un libertarianisme hétéroclite qui n'hésite pas à capitaliser financièrement sur la vie privée de myriades d'individus. Persuadé qu'il peut être plus efficace que la NSA, il ne veut pas collaborer avec elle. En 2014, interrogé par des internautes sur les révélations d'Edward Snowden, l'investisseur n'épargne pas l'agence: « Je n'aime pas la définition libertarienne de la NSA, selon laquelle il s'agirait de Big Brother. Je crois que les révélations de Snowden montrent une réalité qui ressemble plus aux Keystone Kops [les policiers de fiction incompétents qui apparaissaient dans certains films muets du début du xxe siècle] qu'à James Bond. La priorité d'un service de renseignement devrait être le contre-renseignement, or la NSA n'a même pas été capable d'identifier cet informaticien téléchargeant tous ces fichiers. [...] La NSA a aspiré les données du monde entier parce qu'elle n'a pas la moindre idée de ce qu'elle fait[18]. » Un peu plus tard, un insolent lui demande si « Palantir est une façade pour la CIA », son premier investisseur. « Non, la CIA est une façade pour Palantir », répond Thiel avec un sens aiguisé de la formule. Si son entreprise partage les finalités policières de l'État, elle sera

18. Peter Thiel, « Technology Eentrepreneur and Iinvestor », AMA, Reddit.com, 11 septembre 2014.

toujours l'unité de mesure de son système de pensée. Fatigué par une Silicon Valley qu'il estime trop proche du camp démocrate, le libertarien en chef a fini par déménager à Los Angeles, à 600 kilomètres au sud. Pourtant, il aurait tort de solder l'héritage de ses aînés. Sans les micro-processeurs mis au point dans la région au début des années 1970, les ordinateurs individuels n'auraient jamais vu le jour. Avec eux est arrivée l'autonomie informatique des foyers, mais aussi le moyen pour une industrie tout entière de glisser de l'équipement à proprement parler – le hardware – vers la fluidité du logiciel. La miniaturisation et la démocratisation des appareils aidant, nous sommes entrés dans une société du signal informatique, à l'intérieur de laquelle des sociétés privées, qu'elles se nomment Facebook, Google ou Palantir, sont venues bousculer le monopole régalien de la collecte d'informations. Le projet libertarien, lui, qui prétend faire de l'individu libre son ultime frontière, a accouché d'une dystopie féodale : à San Francisco et ailleurs, des propriétaires terriens reclus dans leur forteresse divisent le monde entre ceux qui possèdent les données et les autres, qui doivent payer leur dîme, entre ceux qui font et ceux qui sont mis au travail, persuadés qu'ils ne font rien.

Data brokers : la main invisible du marché

L'industrie du miroir sans tain

Mary Ebeling est sociologue à l'université Drexel de Philadelphie. Fin 2010, après une douzaine de démarches, elle a déjà dépensé 25 000 dollars pour essayer de donner la vie. Après de multiples tentatives, de l'insémination artificielle à la fécondation in vitro, elle parvient finalement à tomber enceinte. Malheureusement, elle perd le fœtus en mars 2011. Et en faisant une fausse couche, elle donne vie sans le savoir à un « bébé marketing », un double numérique fantomatique doté d'une vie artificielle. Dans les mois qui suivent cet épisode tragique, elle reçoit des centaines d'emails, publicités ou coups de téléphone, l'enjoignant à acheter des couches, à s'abonner à tel magazine, à investir dans une poussette ou des vêtements pour le nourrisson. Bien décidée à tirer au clair cet assaut commercial qui la tourmente, elle découvre qu'Experian, l'un des leaders mondiaux de la gestion du risque de crédit, a inscrit son nom dans l'une de ses immenses bases de données. Mary Ebeling y figure en tant que mère ayant accouché en mars 2011 dans le « Newborn Network » de l'entreprise, le fichier des nouveau-nés, que cette dernière commercialise auprès des industriels de la puériculture. La sociologue, qui a raconté cette expérience douloureuse dans un livre[19], explique que « trop occupée à être une patiente, [elle] ne pensait pas au sort de toutes les données produites par [son] corps, persuadée que ces informations partagées dans l'intimité du cabinet de [son] médecin étaient en sécurité ». Pendant son enquête, elle ne cessera de se heurter à des portes closes, trouvant sur son chemin des acteurs peu enclins à ouvrir leurs immenses registres. Plus récemment, une journaliste américaine du *Washington Post*, Gillian Brockell, a vécu le même traumatisme. Après avoir perdu son enfant, elle a rédigé une terrible lettre ouverte en décembre 2018 :

> Chères entreprises technologiques, je sais que vous étiez au courant de ma grossesse. C'est ma faute, je n'ai pas résisté à ces mots clés sur Instagram : #30semaines, #babybump. J'ai même cliqué une fois ou deux sur des publicités ciblées proposées par Facebook. Que voulez-vous, je suis votre utilisatrice idéale. Vous avez probablement lu mes remerciements aux amies qui sont venues à ma *baby shower*. Vous m'avez probablement vue chercher une robe de grossesse à carreaux et de la peinture

19. Mary Ebeling, *Healthcare and Big Data, Digital Specters and Phantom Objects*, Palgrave McMillan, 2016.

> pour le berceau sur Google. J'imagine qu'Amazon vous a donné ma date d'accouchement, le 24 janvier, quand j'ai finalisé ma commande. Mais vous ne savez pas que j'ai tapé « bébé qui ne bouge pas » dans le moteur de recherche ? Vous n'avez pas remarqué mes trois jours de silence sur les réseaux sociaux, inhabituels pour moi ? Vous n'avez pas relevé les 200 emojis en pleurs postés par mes amis ? Vous ne savez pas traquer ces signaux ? [...] Je vous en supplie, entreprises technologiques : si vos algorithmes sont suffisamment intelligents pour réaliser que j'étais enceinte, ils doivent être suffisamment malins pour savoir que mon bébé est mort[20].

Ces drames intimes montrent bien que nous sommes tous de Petits Poucets numériques, qu'on le veuille ou non. Ici, le consentement importe peu, et les résultats sont aussi effrayants quand ils sont exacts que lorsqu'ils se trompent. Quotidiennement, nous semons nos trajets sur Google Maps ou nos habitudes de consommation sur Amazon. Mon navigateur Web n'a pas attendu mon retour d'un voyage dans l'Arctique pour m'inonder de propositions de croisières polaires. Si nous avons collectivement fait l'expérience de la publicité ciblée – sur les réseaux sociaux ou dans nos boîtes mail –, nous ignorons trop souvent qu'elle est mise en œuvre par une catégorie d'acteurs suit nos traces sans relâche, œuvrant à combler les

20. Gillian Brockell, « Dear Tech Companies, I don't want to see pregnancy ads after my child was stillborn », *Washington Post*, 12 décembre 2018.

angles morts de nos existences aléatoires. On les appelle *data brokers* en anglais, courtiers en données en français. À la différence des têtes de pont du capitalisme numérique, nous les connaissons peu. Mais eux savent tout de nous, y compris nos comportements hors ligne, loin des ordinateurs. En ce sens, ils sont éminemment complémentaires des grandes plateformes familières auxquelles ils viennent s'adosser. Ils savent où nous vivons, notre statut marital, si nous possédons telle carte de fidélité, ils connaissent la marque de notre voiture ou notre patrimoine financier et sont capables de déterminer à quelle fréquence nous allons faire nos courses au supermarché. « Sur Internet, personne ne sait que vous êtes un chien », postulait le *New Yorker* dans un célèbre dessin publié en 1993 et représentant deux canidés en train de naviguer sur le Web. Aujourd'hui, sur Internet, tous les courtiers en données savent que vous possédez un labrador. Avec ces informations, ils assemblent des bases de données démesurées, édifices chancelants qu'ils commercialisent à des entreprises soucieuses de calibrer leur offre publicitaire. Ils s'appellent Axciom, Experian, Equifax, Datalogix, Epsilon, certains sont français, comme Criteo ou Weborama. D'autres, comme AddThis, racheté pour 175 millions de dollars par le géant Oracle, traquent nos pérégrinations strictement numériques, lisant en permanence par-dessus notre épaule. Certains spécimens sont d'un genre encore plus particulier : ainsi, Foursquare, réseau social démodé sur lequel on signalait sa présence dans un café ou un parc avec pour objectif d'en devenir le « maire » numérique, est-il devenu un courtier en données de première importance par la grâce de nos milliards de *check-in* inutiles. Désormais, l'entreprise, qui dégage 100 milliards de dollars de chiffre d'affaires, revend ses précieuses informations spatiales à Uber, Twitter, Apple ou Microsoft, chez qui elle a intégré sa technologie de géolocalisation[21]. Mais tous ces acteurs disparates et puissants partagent un point commun : ils préfèrent naviguer sous la surface[22]. Indispensables à la bonne marche des grands réseaux sociaux qui sont d'abord d'immenses régies publicitaires, ils prétendent exceller dans le découpage de la population en segments démographiques. Cotée à la Bourse de Londres, Experian dégage un chiffre d'affaires de plus de 4,5 milliards de dollars, sériant la population – y compris celle de la France – en catégories soigneusement ordonnées. « Baptisés de la lettre A à la lettre M, ces groupes hiérarchisent des familles et des individus en fonction de leur localisation, de leurs revenus, de leurs dépenses et de leurs comportements », nous apprenait une enquête informée du magazine *GQ* en janvier 2016[23]. A02 ? Les « cadres expérimentés en pleine

21. James D. Walsh, « Ten Years On You might not be checking in on Foursquare, but Foursquare is Now checking in to on You », *New York Magazine*, 27 août 2019.

22. On n'entend guère parler d'eux que lorsque l'un des leaders du secteur, Equifax en l'occurrence, se fait détrousser les données de 145 millions d'Américains à cause d'une faille informatique non corrigée (en octobre 2017).

23. Guillaume Dasquié, « Le business secret des data-brokers », *GQ*, 25 janvier 2016.

réussite ». J42 ? « Célibataires multi-métiers éco-concernés ». Axciom, autre poids lourd du secteur, a ses « banlieues laborieuses », à l'intérieur desquelles on trouve les « familles nombreuses sport et télé » ou les « artisans sorties et placements ». Pour 40 centimes d'euros, car tout est à vendre, ces aspirateurs à données peuvent acquérir un numéro de carte grise ; en déboursant un peu plus de 300 euros, ils obtiendront une base Insee de ménages ciblés. Experian, Axciom et tous les autres en sont persuadés, plus on possède d'informations sur quelqu'un, plus on peut prédire son comportement. Ainsi, en collectant méthodiquement les éléments constitutifs de notre identité, elles dressent un profil. Est-ce vraiment nous ? La question importe finalement peu, dans la mesure où cette récolte permanente suffira bientôt à conditionner nos modes de vie. Les publicités ciblées reçues par les mères endeuillées véhiculent une certaine conception de la maternité, nécessairement nourricière. Si je regarde d'énormes motos sur Internet, cette lubie fait-elle de moi un individu à risques à qui on serait susceptible de refuser un crédit immobilier ? Si tel est le cas, vais-je modifier mon comportement en conséquence ? À ce titre, la pression constante exercée par les *data brokers* est l'une des formes les plus sournoises de contrôle social. Encore faut-il en avoir connaissance. Construite à l'écart du débat public dans les années 1970, cette industrie artisanale n'a pas attendu les réseaux sociaux pour émerger, « grossissant au contact de la presse et de la vente par correspondance, qui possédaient déjà de grands gisements de données », comme l'explique Kevin Mellet, chercheur en sociologie économique au département de sciences sociales d'Orange Labs[24]. En France, La Poste, à travers sa filiale Mediapost, peut se vanter de posséder « une base, actualisée mensuellement, de plus de 15 millions de foyers français, validée sur le terrain par des postiers qui doivent vérifier votre pièce d'identité au moindre geste[25] ».

Aux États-Unis, profitant de la réglementation des données bancaires – avec le Fair Credit Reporting Act en 1970 – puis de la dérégulation des marchés financiers, les *data brokers* sont devenus des intermédiaires incontournables, agents invisibles d'un marché complexe et opaque. La Federal Trade Commission (FTC), le gendarme américain de la concurrence, s'est intéressée à eux en 2014 et a publié un rapport en forme d'injonction à la transparence[26]. L'autorité indépendante, qui a étudié neuf *data brokers* différents, a ainsi relevé des chiffres faramineux : l'un ajoutait 3 milliards de nouvelles informations chaque mois, quand un autre possédait jusqu'à 3 000 données différentes sur chaque consommateur américain. En relevant l'impérieuse nécessité de protéger les citoyens à l'heure où ils n'ont jamais autant été analysés, la commission s'inquiétait des faibles progrès réalisés en vingt ans. En faisant des recherches pour son livre[27], la journaliste

24. Entretien avec l'auteur.

25. *Le Postillon*, hiver 2019.

26. *Data Broker : A Call For Transparency and Accountability,* A Report of the Federal Trade Commission, mai 2014.

27. Julia Angwin, *Dragnet Nation,* Times Books, 2014.

américaine Julia Angwin a déterminé qu'elle était fichée par 212 courtiers. Parmi eux, moins de la moitié – 92 – lui offrait la possibilité d'être retirée des bases de données. À une condition : qu'elle accepte de fournir d'autres informations en prouvant son identité, avec un permis de conduire par exemple. Ce rapport de force faussé est rendu encore plus difficile par le fonctionnement même de ces entreprises. En effet, la plupart des *data brokers* ne se contentent pas de fournir des kits publicitaires clés en main à des clients intéressés ; ils obtiennent la plupart de leurs informations en les acquérant auprès d'autres *data brokers*. Axciom échange avec Epsilon, Epsilon revend à Experian, et ainsi de suite. Non seulement ce ruissellement ininterrompu condamne toute tentative de contrôle à l'échec, mais il dessine l'idéologie inquiétante du capitalisme de surveillance, cette société de traces où il est impossible de se cacher. Le site américain Motherboard, du groupe Vice, a récemment mis au jour un de ces circuits de collecte. En offrant 300 dollars à un hacker, ils ont réussi à géolocaliser un téléphone, une capacité prérogative normalement réservée aux forces de l'ordre[28]. Cette surveillance à la petite semaine est rendue possible par les grands opérateurs téléphoniques – T-Mobile, AT&T, Sprint –, qui revendent les données de géolocalisation de leurs clients à des courtiers en données. Qui les revendent à des courtiers en données. Qui les revendent à d'autres

28. Joseph Cox, *I Gave a Bounty Hunter $300. Then He Located Our Phone*, Motherboard, 8 janvier 2019.

courtiers en données. Qui les revendent au journaliste de Motherboard. À la suite de cette enquête accablante, les opérateurs télécoms ont promis de réviser leurs pratiques et de civiliser ce Far West numérique, ce qui prouve au moins une chose : c'est un secteur qui se régule par la force et par le scandale.

Cambridge Analytica, un courtier sort de l'ombre

Le 17 mars 2018, le *Guardian, The Observer* et le *New York Times* révèlent que les données de 30 à 70 millions d'utilisateurs de Facebook – le chiffre sera plus tard porté à 87 millions – ont été aspirées à leur insu. Alors qu'ils pensaient répondre à un quiz ludique présenté par une société inconnue nommée Global Science Research, 270 000 d'entre eux (emmenant tous leurs amis dans leur sillage) ont sans le savoir ouvert la porte à une autre entreprise, Cambridge Analytica, dont le logo – un cerveau dessiné par une succession de points – et le slogan – « *Data driven behavior change* » (le changement de comportement grâce aux données) – offrent quelques indices. Maillon d'une cascade de sociétés pudiques, cette officine britannique est spécialisée dans l'analyse de données à des fins électorales. Financée par le milliardaire conservateur américain Robert Mercer, elle a été cofondée en 2013 par Steve Bannon, polémiste d'extrême droite, éphémère conseiller de Trump à la Maison-Blanche, bien déterminé à « planter un pieu dans le cœur de l'Europe » en faisant la cour aux partis nationalistes européens. Persuadé que les scrutins peuvent se gagner derrière un ordinateur, le patron bien mis de Cambridge Analytica, Alexander Nix, a vite trouvé l'oreille de Trump, qui a fait de l'entreprise la cheville ouvrière de sa campagne numérique. Grâce à elle, l'improbable candidat a pu envoyer des messages ultra-ciblés à des utilisateurs triés sur le volet. « Aujourd'hui, aux États-Unis, nous possédons entre 4 000 et 5 000 données différentes sur chaque individu », assure fièrement Nix, interrogé par Sky News à l'automne 2016, quelques semaines avant le scrutin présidentiel américain. De quoi actionner de véritables leviers : selon l'ingénieur Christopher Wylie, qui a lancé l'alerte dans la presse, Bannon, obsédé par sa guerre contre le « marxisme culturel », aurait vu dans Cambridge Analytica l'outil parfait pour dissuader les électeurs afro-américains d'aller voter, pénalisant ainsi Hillary Clinton[29]. Le scandale qui s'ensuit éclabousse l'entreprise, mais aussi Facebook, accusé d'avoir été manipulé sans difficulté. Dans un contexte paranoïaque marqué par des accusations récurrentes d'ingérence russe aux États-Unis, le pouvoir politique saisit la balle au bond. Tout le monde veut auditionner Mark Zuckerberg, du Congrès américain au Parlement britannique. Le Royaume-Uni, pris dans la nasse du Brexit, a des raisons légitimes de s'intéresser à Cambridge Analytica : les articles de Carole Cadwalladr, la journaliste du *Guardian* qui a largement contribué à la médiatisation de l'affaire, montrent une proximité troublante

29. C'est ce que Christopher Wylie a déclaré devant une commission du Sénat américain le 16 mai 2018.

entre les partisans d'une sortie de l'Union européenne et cette nébuleuse technologique[30]. Le souverainiste Nigel Farage, visage du « Leave », est proche de Steve Bannon ; malgré ses dénégations, Arron Banks, homme d'affaires de Bristol et principal argentier du mouvement, a sollicité son aide financière ; plus troublant encore, AggregateIQ, une énigmatique société canadienne liée à Robert Mercer, a offert près de 4 millions de livres sterling aux partisans du Brexit pour qu'ils identifient les indécis sur les réseaux sociaux à l'approche du référendum. Christopher Wylie est formel : « Sans Cambridge Analytica, il n'y aurait pas eu de Brexit. » Pendant ce temps, de l'autre côté de l'Atlantique, Mark Zuckerberg est finalement convoqué par le Congrès les 11 et 12 avril 2018. Livide comme un androïde en fin de vie, le patron de Facebook se confond en excuses et promet de faire toute la lumière sur cette affaire. « Mes équipes reviendront vers vous aussi vite que possible », répond-il mécaniquement à chaque question gênante. Il jure que la plateforme va passer en revue toutes les applications tierces, cette terminologie polie pour évoquer les chasseurs de données qui lui assurent sa rentabilité financière. De 400 en août 2018, on découvre un an plus tard que Facebook en a suspendu la bagatelle de 69 000[31]. Dans un communiqué de quatre lignes, la firme de Menlo Park

30. Carole Cadwalladr, « The Great British Brexit Robber : How Our Democracy Was Hijacked », *The Guardian*, 7 mai 2017.

31. Kate Conger, Gabriel J.X. Dance et Mike Isaac, « Facebook's Suspension of "Tens of Thousands" of Apps Reveals Wider Privacy Issues », *New York Times*, 21 septembre 2019.

assure également – sans les nommer – qu'elle va cesser de collaborer avec Axciom, Experian ou Datalogix. Entre 2012 et 2018, myope sur nos comportements d'achat ou notre patrimoine, Facebook s'est appuyé sur ces courtiers pour y amarrer sa base de données et la relier à ce gisement providentiel grâce à nos numéros de téléphone ou nos dates de naissance. Pour son acupuncture en 98 points – c'est le nombre de critères qu'il utilise pour cibler la publicité –, le réseau social pouvait difficilement se passer du concours précieux des *data brokers*. De 84 % en 2016, le chiffre d'affaires publicitaire de Facebook représente aujourd'hui 98 % de ses revenus, et nul doute que la plateforme n'aurait pas assis son hégémonie sans la participation silencieuse de ces acteurs secrets, chargés de fluidifier la circulation d'informations confidentielles. Sans être un courtier à proprement parler (c'est d'abord une société de conseil en stratégie politique), Cambridge Analytica a permis de jeter une lumière crue sur la réalité du modèle économique des plateformes. « Ce n'est pas un bug, c'est une fonctionnalité », dit-on communément dans les milieux informatiques. « Il ne faut surtout pas croire que le scandale Cambridge Analytica soit une faille technique ou une question purement juridique : le problème est politique[32] », renchérit l'universitaire Zeynep Tufekci, l'une des critiques technologiques les plus écoutées aujourd'hui. Dans un article publié dans le *New York Times*, elle présente Facebook comme une agence de renseignement – la plus

32. Entretien avec l'auteur.

importante de la planète – au service de partis politiques et de multinationales: « Ce qui s'est passé [...] est la conséquence trop naturelle du modèle économique de Facebook, qui consiste à pousser les gens à se connecter afin d'y trouver des interactions sociales, pour en réalité les soumettre à un énorme niveau de surveillance[33]. » Placé en liquidation judiciaire, Cambridge Analytica a disparu, vite remplacé par Emerdata, une société immatriculée à Londres, qui partage le même organigramme et la même mission que sa prédécesseure. Malgré l'accumulation de scandales à un rythme hebdomadaire, Facebook a vu sa capitalisation boursière dépasser les 500 milliards de dollars et s'est adjoint les services d'un nouveau lobbyiste en chef: le très libéral Nick Clegg, ancien vice-Premier ministre britannique.

Aux États-Unis, dans les semaines qui ont suivi le scandale, 44 % des 18-29 ans ont supprimé l'application Facebook de leur téléphone[34]. Mais cette politique de la déconnexion momentanée ne saurait faire oublier que la plateforme rend toute disparition matériellement impossible, puisqu'elle est capable de reconstituer à loisir des *shadow profiles*, des profils fantômes de non-inscrits farcis d'informations glanées auprès de courtiers en données coopératifs. Comme la NSA, elle n'a pas besoin d'un « bon pour accord ». À vouloir administrer le plus grand fichier de la planète, Facebook n'est évidemment pas à l'abri des erreurs consubstantielles à la constitution même d'une telle base

33. Zeynep Tufekci, « Facebook's Surveillance Machine », *New York Times*, 19 mars 2018.

34. Selon une étude du Pew Research Center.

de données, ou pire, de discriminations délibérées. Pendant des années, le site a autorisé des publicités qui excluaient certaines personnes en fonction de critères discrétionnaires. En 2016, le média d'investigation ProPublica a ainsi découvert que Facebook – au mépris de la loi – permettait de masquer des offres d'emploi ou des annonces immobilières aux Afro-Américains ou aux Hispaniques, aux handicapés musulmans ou aux femmes divorcées[35]. Il a fallu plus de deux ans à l'entreprise pour mettre fin à cette ségrégation, un laxisme sanctionné en mars 2019 par une plainte du ministère du Logement, qui accusait Facebook de discrimination dans l'accès à la propriété. Impossibles à rectifier ou supprimer, les informations qui constituent notre double numérique chez Facebook, Cambridge Analytica ou Experian bornent ainsi notre horizon, un destin programmé par ordinateur auquel il devient inconcevable d'échapper. Ce déterminisme algorithmique est d'autant plus toxique que l'environnement immatériel dans lequel nous vivons est de plus en plus instable. Chez les Anglo-Saxons, un adjectif est à la mode pour décrire l'évolution belliciste du Web : *weaponized* (militarisé). Si le débat autour de l'ingérence russe dans la présidentielle américaine qui a porté Trump au pouvoir a suscité un certain nombre d'élucubrations, la guerre de l'information, dont nos données sont le carburant à très bas prix, est une réalité. Dans les deux années qui ont précédé le scrutin, dans un immeuble anonyme de

35. Julia Angwin et Terry Parris Jr., *Facebook Lets Advertisers Exclude Users By Race*, ProPublica, 28 octobre 2016.

la rue Savuchkina, à Saint-Pétersbourg, des dactylographes vingtenaires de l'Internet Research Agency (IRA) ont été chargés de déstabiliser l'opinion publique étatsunienne[36]. Financée depuis 2014 par Evgeny Prigogine, un oligarque proche du Kremlin surnommé « le cuistot de Poutine », cette ferme à trolls a su identifier les tensions communautaires, excitant les militants du mouvement Black Lives Matter en lutte contre les violences policières, avant de souffler sur les braises du suprémacisme blanc. En investissant 120 000 dollars dans des publicités ciblées sur Facebook, l'IRA a réussi à toucher 126 millions d'Américains. Elle a organisé quarante fausses manifestations dans des villes américaines, rémunérant une centaine d'activistes dupés par de faux comptes convaincants. Même le réalisateur Michael Moore s'est laissé piéger, participant à une marche anti-Trump à New York, en réalité un événement organisé par les Russes. Pur produit du *soft power* agressif de la Russie, déclinaison technophile des mesures actives du KGB, l'Internet Research Agency est aussi le dommage collatéral du capitalisme de surveillance, qui sape la démocratie en érodant la confiance. Comme dans le cas de Cambridge Analytica, la nouvelle boutique préférée des kremlinologues a compris que pour infecter cent personnes, il suffisait d'en toucher une.

---

36. Adrian Chen, « The Agency », *New York Times*, 2 juin 2015.

La prolifération des marchands d'armes numériques

Un savoir-faire made in France

Si les *data brokers* constituent une portion non négligeable de l'économie souterraine, à tout le moins non visible, du numérique, ils ne sont pas les seuls acteurs déstabilisateurs de notre mise à nu collective. Été 2011 : je suis journaliste pour Owni.fr, un média en ligne spécialisé dans les cultures numériques et les luttes de pouvoir qui y sont attachées. Dans « la soucoupe », le surnom délibérément futuriste de nos locaux (en réalité, un clapier mansardé à la moquette usée, près de la place de la République à Paris), nous faisons la sieste sous les bureaux, épaulons techniquement WikiLeaks dans ses premières fuites d'ampleur et tentons de cartographier un vaste monde qui nous excite autant qu'il nous inquiète. Jean-Marc Manach, unanimement désigné dinosaure du Web, nous guide sur ces sentiers peu balisés. Deux cent cinquante onglets sont en permanence ouverts sur son navigateur, et un minuscule rétroviseur orne le coin droit de son écran, pour surveiller ses arrières : c'est forcément un journaliste prudent en milieu instable. À l'époque, fraîchement diplômé de l'Institut français de géopolitique, je crois dur comme fer à la cyberguerre et je constate que les accrochages se multiplient. Les gouvernements israélien et américain ont récemment infecté le programme nucléaire iranien avec un virus informatique, dénommé Stuxnet, qui s'est propagé dans les centrifugeuses de la ville de Natanz à partir de l'ordinateur portable d'un ingénieur. Dans ma tête de grand adolescent connecté, je dessine ces incursions comme les niveaux excitants d'un jeu vidéo grandeur nature. Mais je voudrais bien me saisir de la manette. Un matin, Manach reçoit une piste sur sa boîte mail sécurisée : une source anonyme et visiblement bien informée nous suggère de nous intéresser au commerce d'Amesys. Jamais entendu parler. Quelques recherches suffisent à comprendre que cette entreprise informatique française appartient au groupe Bull, le fabricant français d'ordinateurs qui devait être la pierre angulaire du défunt plan Calcul du général de Gaulle à la fin des années 1960. En enquêtant, la fonction d'Amesys se précise. La société vend des systèmes d'interception clés en main, comme autant de panoptiques portatifs. La documentation de leur produit phare, Eagle, promet ainsi un dispositif « permettant à un gouvernement de contrôler toutes les communications, qu'elles entrent ou qu'elles sortent d'un pays ». En 2007, un client potentiel se montre particulièrement intéressé : le dictateur libyen Mouammar Kadhafi. Au même moment, l'idéologue de la Jamahiriya plante sa tente dans les jardins de Matignon. La France, sous l'impulsion de Nicolas Sarkozy, veut l'aider à revenir dans le concert des nations. Pas facile, quand le chef de ses services secrets, Abdallah Senoussi, qui est également son beau-frère, a été condamné par contumace à la réclusion criminelle à perpétuité pour son rôle dans l'attentat du DC-10 d'UTA, qui a coûté la vie à 170 personnes, dont 54 Français, au-dessus du désert du Ténéré en 1989. Khadafi veut surveiller sa population pour sécuriser son pouvoir, et Amesys peut l'y aider. Ziad Takieddine, l'intermédiaire incontournable des affaires sarkozystes, met en contact les services de sécurité libyens et le patron de l'entreprise, Philippe Vannier[37]. L'affaire est entendue.

La révélation d'un système de surveillance est toujours un aveu de sa propre faiblesse. S'il est exposé publiquement, c'est qu'il a failli dans sa mission. En août 2011, quand deux journalistes du *Wall Street Journal* s'aventurent dans les six étages d'un centre de contrôle abandonné de Tripoli, Mouammar Kadhafi est déjà un despote en déroute, dont la tête est mise à prix. Au mur, aiguillés par nos indications, Paul Sonne et Margaret Coker trouvent la preuve formelle de l'implication d'Amesys dans l'architecture despotique libyenne. « Aidez-nous à garder

37. Fabrice Arfi et Karl Laske, « Sarkozy-Guéant : le grand soupçon libyen », Mediapart, 28 juillet 2011.

notre activité classifiée secrète », supplie vainement un panonceau monogrammé[38]. Quelques mois plus tard, le pôle Crimes contre l'humanité du parquet de Paris ouvre une enquête contre Amesys pour complicité de torture. À ce jour, le dossier, inédit, avance chichement. Tous les protagonistes – ingénieurs, grand patron, parties civiles – ont été entendus, et en mai 2017, l'entreprise a été placée sous le statut de témoin assisté. Les autorités françaises, si promptes à lui faire la courte échelle, ont coupé les ponts. Alors qu'Amesys travaillait régulièrement avec les services de renseignement hexagonaux, l'officine est subitement devenue radioactive. Des documents ont mystérieusement disparu. Bull, peu enclin à s'encombrer d'une filiale aussi explosive, a préféré s'en débarrasser. Et pourtant, rien n'a changé. Contre 6 millions d'euros, Stéphane Salies, directeur commercial au moment du scandale libyen, a racheté la propriété intellectuelle des logiciels d'Amesys en 2012. Il a enregistré deux nouvelles entités : Nexa Technologies, domiciliée dans le XVIe arrondissement de Paris, et Advanced Middle East Systems (AMESys, donc), établie dans la zone franche de Dubai. Au cœur de l'*Internet City* du Golfe, une dizaine de salariés – essentiellement des commerciaux – sont chargés de vendre Cerebro, la solution phare de cet Amesys lifté. Le nom est un emprunt au surpuissant ordinateur des X-Men, qui amplifie les pouvoirs des télépathes. Les brochures commerciales n'ont même

38. Paul Sonne et Margaret Coker, « Firms Aided Libyan Spies », *Wall Street Journal*, 30 août 2011.

pas changé. Le pedigree des clients non plus. En 2014, un émissaire des Émirats arabes unis prend langue avec Stéphane Salies, le nouveau patron de Nexa. Son pays souhaite offrir un cadeau au voisin égyptien, qui vient de renverser le président Morsi à la faveur d'un coup d'État militaire. La surprise ? Un système d'écoute à 10 millions d'euros pour lutter – officiellement – contre les Frères musulmans. En deux mois, l'affaire est entendue. Le contrat est signé en mars 2014. Nom de code de l'opération : Toblerone. Un clin d'œil capillotracté à la forme triangulaire des pyramides… Grâce à des sondes particulièrement intrusives, l'entreprise française promet « une surveillance en temps réel des suspects » et assure pouvoir capter les emails, traquer les SMS, espionner les chats ou surveiller les réseaux sociaux. Comme le consacre la citation apocryphe de Karl Marx, l'histoire ne se répète pas, elle bégaie. En Égypte, la dictature du maréchal Sissi est encore plus brutale que celle de son prédécesseur Hosni Moubarak, chassé lors du Printemps arabe. Des dizaines de milliers de prisonniers politiques croupissent dans les geôles d'un pays où la société civile n'a plus aucun droit et dont les communications sont étroitement contrôlées. Pourtant, malgré le risque de récidive, Paris continue d'aider Le Caire à profiler sa population. Outre Amesys/Nexa, une autre entreprise tricolore, Ercom, équipe également la dictature égyptienne[39]. Avec l'accord des autorités françaises (à qui elle vend des

39. Olivier Tesquet, « On a encore trouvé une société française qui vend du matériel de surveillance à l'Égypte », *Télérama*, 26 mars 2018.

téléphones sécurisés), la société, qui goûte peu la lumière, a expédié de l'autre côté de la Méditerranée un binôme aussi inséparable qu'un couple de perruches : Vortex et Cortex. Des sondes – Vortex – sont déployées au niveau de nœuds régionaux, comme des bretelles sur un terminal téléphonique afin d'intercepter les informations ; une interface centrale – Cortex – installée sur une base militaire cairote permet de stocker les données collectées et d'y effectuer des recherches en naviguant au milieu de pictogrammes roses et violets. Protégé de la DGSE, notre service de renseignement extérieur, Ercom a été racheté en janvier 2019 par Thales, l'un des leaders français de l'industrie de la défense, ce qui dit l'importance de ce secteur hautement stratégique. À bien des égards, et c'est ici une légère digression, le marigot des marchands d'armes numériques est la nouvelle expression d'une politique colonialiste, dont les populations locales font les frais. En écoulant clandestinement des systèmes de surveillance à des régimes autoritaires, mais amis, des démocraties soi-disant exemplaires peuvent ainsi garder un œil sur leurs anciennes zones d'influence tout en les transformant en laboratoires pour leurs propres expérimentations, avant de les déployer sur leur territoire national.

L'art divinatoire des métadonnées

Qu'il s'agisse de Kadhafi ou de Sissi, d'Amesys, de Nexa ou d'Ercom, ces outils reprennent sous pavillon privé un mode opératoire privilégié par la NSA comme par Facebook : la traque systématique des métadonnées. Prenez une enveloppe. Nous pouvons collectivement nous entendre sur le fait que la lettre qu'elle renferme constitue le contenu (ce qu'on appelle communément les données), que chacun protège au nom du secret de la correspondance. Mais cela ne revient pas à dire que l'enveloppe ne livre aucune information. C'est même précisément l'inverse. Le cachet de la poste – qui indique l'heure et l'endroit du dépôt de votre courrier – ne fait-il pas foi ? Dans notre vie quotidienne, les métadonnées sont autant de signaux que nous ne maîtrisons pas : elles sont encapsulées dans une boîte noire, au sens aéronautique du terme, qui enregistre nos données de navigation, les sites auxquels nous nous sommes connectés ou les autres appareils avec lesquels nous entrons en contact. En schématisant encore, on pourrait dire qu'elles correspondent à des traces de pas impossibles à effacer, ce qui en fait une catégorie d'informations très particulière. C'est ici une adresse IP, qui permet d'identifier un appareil ; là, la date à laquelle une photo a été prise. Elles sont la boussole qui permet de naviguer dans la masse informe de nos pérégrinations. Comme l'explique Edward Snowden dans ses Mémoires, « il ne faut pas envisager les métadonnées comme des abstractions inoffensives, mais comme l'essence même du contenu : elles sont précisément la première source d'information exigée par celui qui vous surveille[40] ». Les États comme les entreprises reconnaissent sans mal qu'ils consignent cet horodatage, à des fins sécuritaires ou

40. Edward Snowden, *op. cit.*

commerciales (les cookies, ces traceurs qui nous suivent partout sur Internet et mémorisent nos passages sur un site d'électroménager ou sur un forum anarchiste, illustrent très bien ce propos puisqu'ils peuvent servir ces deux finalités). La collecte et l'archivage de ces informations sont même régulièrement brandis comme un argument d'autorité au moment d'expliquer que la surveillance de masse est une vue de l'esprit[41]. En ce sens, les métadonnées sont trop souvent présentées comme des données inoffensives, donc dépolitisées. Pourtant, elles permettent d'inférer quantité d'informations sur les individus, qu'il s'agisse de les identifier comme des aspirants terroristes ou de présumer un diabète de type 2 de leurs consultations nocturnes sur Google en général, Doctissimo en particulier. À ce titre, le programme d'assassinats ciblés par drone, lancé par les États-Unis après le 11-Septembre, est un exemple cruellement spectaculaire de l'impact – littéral – de ces projections informatiques. Les frappes américaines sont réparties en deux catégories : les *« personality strikes »*, qui visent des individus en particulier, à tout hasard un chef taliban terré dans une zone tribale du Pakistan, et les *« signatures strikes »*[42]. Si les premières sont des frappes prétendument chirurgicales qui tolèrent les dommages collatéraux, les secondes redéfinissent totalement la notion de cible. Elles visent des suspects en se

41. Il me semble intéressant d'indiquer ici les propos du député socialiste Jean-Jacques Urvoas, rapporteur de la loi sur le renseignement en 2015 avant d'être nommé ministre de la Justice l'année suivante : « Le recueil [des données] ne me paraît pas intrusif tant qu'il est inerte. »

42. Jeremy Scahill, *La Machine à tuer*, Lux, 2017.

fondant sur des informations recoupées entre elles. Dès lors, des indicateurs de fréquence ou de mouvement suffisent à déclencher un tir. Comme le résume le journaliste d'investigation américain Jeremy Scahill, qui étudie le programme depuis des années, « en Afghanistan ou au Yémen, nous ne traquons pas des individus, nous suivons des cartes SIM ». Le général Michael Hayden, qui a dirigé la NSA entre 1999 et 2005 puis la CIA entre 2006 et 2009, l'a d'ailleurs reconnu lors d'une conférence à l'université Johns-Hopkins de Baltimore en 2014 : « Nous tuons des gens sur la foi de métadonnées[43]. » Dès lors, quel intérêt de savoir ce que vous dites, puisque votre comportement est pour ainsi dire prédictible ? Non seulement les métadonnées sont infiniment plus bavardes que nous, mais elles abaissent considérablement le seuil de la suspicion en cherchant à l'automatiser. Si un individu est réductible à l'ensemble des signaux qu'il émet bien malgré lui, on peut le devancer au lieu de le suivre, ce qui n'est pas sans intérêt d'un point de vue strictement policier. Devant l'incapacité des analystes à digérer les milliers d'heures d'images collectées par les Predator MQ-1 et Reaper MQ-9, le Département de la Défense entend désormais recourir aux ordinateurs pour améliorer l'efficacité de son programme. Il opère ainsi une double mise à distance : après avoir retiré les soldats du champ de bataille – les drones sont pilotés par joystick depuis des bases à l'écart des zones de combat –, il s'agirait désormais d'assister, et donc

43. The Johns Hopkins Foreign Affairs Symposium Present : The Price of Privacy : Re-Evaluating the NSA, 7 avril 2014, disponible sur YouTube.

d'orienter, informatiquement leurs décisions au moment de lancer un missile Hellfire embarqué[44].

Bien sûr, une lecture manichéenne du monde pourrait nous inciter à penser que celles et ceux qu'on soumet à cet arbitraire technologique ne l'ont pas volé. Que ça ne nous arrivera jamais. Mais ce constat reviendrait à sous-évaluer la dangerosité d'un monde dans lequel l'intrusion et la recomposition identitaire deviennent une norme sans légalité. Elle ne transgresse pas la loi, elle s'en affranchit purement et simplement. Une fois qu'on a surgi sur ce radar, il est mécaniquement impossible de s'en échapper, et le consentement s'arrache plus qu'il ne s'obtient. Dites-moi ce que vous faites, où vous allez, je vous dirai qui vous êtes. À cet égard, les *data brokers* et les marchands d'armes numériques peuvent être considérés comme les deux faces d'une même pièce, puisqu'on assassine une cible afghane comme on cible un client potentiel. C'est d'ailleurs tout sauf un hasard si les systèmes de surveillance, dont la France a fait sa spécialité, sont définis comme des « technologies duales » ou des « biens à double usage », c'est-à-dire qu'ils peuvent tout autant relever de l'innocuité civile que de la brutalité militaire[45]. Il en va de même pour les services que nous utilisons quotidiennement. Quand Associated Press révèle à l'été 2018 que Google traque les déplacements de ses utilisateurs même si ceux-ci ont décoché

44. Sur la coopération avec Google, voir le chapitre « Sortir d'Orwell, embrasser la technocritique »..

45. C'est le service des biens à double usage, sous l'autorité du ministère de l'Économie, qui délivre les licences d'exportation.

l'option sur leur téléphone[46], seules diffèrent les finalités. Mais pas pour longtemps. Depuis plusieurs années, à travers son service Takeout (soit, littéralement, une archive à emporter, comme dans un fast-food franchisé), les utilisateurs de Google peuvent télécharger tout ce que l'entreprise possède sur eux : achats, agenda, contacts, historique de recherche, itinéraires, messagerie, etc. On peut y reconstituer ses souvenirs ou se piquer de curiosité pour des habitudes insoupçonnées. C'est un exercice plaisant, déprimant, déconcertant. Encore faut-il apprendre à lire cet amas d'informations disparates, compilées dans un tableur Excel. À cette fin, un étudiant américain, Theo Patt, a créé en 2014 Location History Vizualizer, une plateforme qui, grâce au fichier qu'on lui soumet, génère une carte lisible de ces annales personnelles. À peine a-t-il mis en ligne son outil qu'il est immédiatement contacté par des cohortes de conjoints inquiets des infidélités de leur moitié, mais incapables de donner du sens à leur soupçon, qu'il s'agisse d'un étrange trajet récurrent ou d'une disparition douteuse. Et à jouer les privés malgré lui, il est immanquablement approché par la police[47]. Car dans un monde gouverné par les données, celui qui promet d'en extraire une signification est doté des pouvoirs magiques d'un détective omniscient. Qu'il s'appelle Amesys ou Theo Patt.

---

46. Ryan Nakashima, *Google tracks your movements, like it or not*, Associated Press, 14 août 2018.

47. John Herrman, « Google Knows Where You've Been, but Does It Know Who You Are ? », *New York Times Magazine*, 12 septembre 2018.

Les mensonges du Big Data

Le mirage pétrolier

Au moment d'évoquer le pouvoir quasi mystique de nos traces numériques, aucune expression n'a été plus mastiquée, recrachée, ânonnée que cette sentence : « La donnée est le pétrole du XXIe siècle. » En juillet 2017, *The Economist* représente Google, Facebook, Amazon, Microsoft, Tesla et Uber sous la forme de plateformes offshore, des villes-mondes autonomes expulsant dans l'air des suites de 0 et de 1. « La ressource la plus précieuse de la planète », assure le titre. Du point de vue d'un boursicoteur fainéant, difficile de nier la mutation. En 2011, parmi les dix premières capitalisations boursières de la planète, on retrouvait six compagnies pétrolières : ExxonMobil dominait la chaîne alimentaire, devant PetroChina, Petrobras, BHP Billiton, Shell et Chevron. À l'époque, Apple et Microsoft, respectivement troisième et dixième, faisaient figure d'intrus. 2019 :

Microsoft a brièvement dépassé la barre symbolique des 1 000 milliards de dollars de capitalisation, talonné par Apple et Amazon. Alphabet, la maison mère de Google, Facebook, ainsi que les Chinois Tencent et Alibaba ont fait leur entrée au classement. À la dixième place, ExxonMobil est le dernier rescapé d'une industrie condamnée au déclin dans un monde qui s'effondre. La donnée n'est sûrement pas le nouveau pétrole, mais les entreprises qui l'exploitent sont assurément les plus riches du monde. Leur alliance est beaucoup plus littérale qu'il n'y paraît, et on ne s'étonnera donc pas de voir BP, l'un des titans du raffinage, investir discrètement dans Palantir, qui l'aide en retour à identifier de nouveaux gisements en mer du Nord[48]. Quand Ajay Banga, le président de Mastercard, s'adresse à un auditoire saoudien en 2017, il les incite à changer leur fusil d'épaule en usant là encore de l'analogie si pratique : « Je crois que la donnée est le nouveau pétrole. Je dis ça dans ce pays, car j'en suis persuadé, après la prospérité apportée par le pétrole ces cinquante dernières années, la donnée l'apportera pour les cinquante ou cent prochaines si vous l'utilisez correctement[49]. » À vrai dire, le royaume n'a pas attendu ces vaticinations pour pivoter vers ce que le prince héritier Mohammed Ben Salmane (MBS) considère comme un horizon de modernité. Vu de Riyad, le relais de croissance est évident. En 2016, l'Arabie saoudite s'est associée

48. Danny Fortson, « Revealed : BP's secret stake in spooks' data firm Palantir », *The Times*, 27 octobre 2019.

49.David Reid, « Mastercard's boss just told a Saudi audience that data is the new oil », CNBC, 24 octobre 2017.

au géant des télécoms japonais SoftBank pour créer Vision Fund, le plus important fonds d'investissement technologique du monde. Ensemble, le magnat Masayoshi Son et MBS espèrent réunir 100 milliards de dollars en capitaux. L'Arabie saoudite en a déjà investi 45. Et l'arrosage ne s'arrête pas là. Selon le *Wall Street Journal*, l'allié régional des États-Unis a déjà discrètement placé au moins 11 milliards de dollars dans des start-up américaines[50], faisant de la Silicon Valley son service de blanchiment préféré. Après le sordide assassinat du journaliste Jamal Khashoggi dans l'enceinte du consulat saoudien d'Istanbul, quelques patrons de la Silicon Valley ont bien décidé de boycotter le « Davos du désert » à l'automne 2018. « Nous suivons attentivement la situation, et à moins que d'autres faits nous soient présentés, je ne participerai pas à la conférence », avait ainsi déclaré Dara Khosrowshahi, le nouveau patron d'Uber, droit dans ses bottes. La société est pourtant celle qui a le plus profité de la providentielle planche à billets saoudienne : le pays a investi 3,5 milliards de dollars dans la plateforme. Et quelques mois plus tôt, Ben Salmane avait échangé poignées de mains et sourires complices avec les patrons de Google, Amazon, Facebook et Apple lors d'une visite hautement diplomatique.

Ces rapprochements capitalistiques objectifs n'y changent rien : la comparaison pétrolière nous induit en erreur. Clive

50. Jacky Wong, « SoftBank's $100 Billion Vision Fund Faces Its Biggest Test », *Wall Street Journal*, 11 mai 2019.

Humby, l'ingénieur britannique qui l'a formalisée en 2006, n'était pourtant pas complètement dénué de bon sens : « La donnée est comme [un baril de] brut. Elle a de la valeur, mais ne peut être utilisée qu'à condition d'être raffinée. Le pétrole doit être changé en gaz, en plastique, en produits chimiques, pour créer un produit rentable ; de la même façon, la donnée doit être décomposée et analysée pour avoir de la valeur[51]. » Par où commencer pour déconstruire cette mauvaise représentation ? *A contrario* du fameux combustible, les données sont une ressource inépuisable. Du reste, c'est une ressource que nous produisons nous-mêmes. Humby, à qui les Britanniques doivent la conception de la carte de fidélité Tesco Clubcard[52], n'a pas tort quand il affirme que nos informations n'ont aucune valeur si elles ne sont pas disséminées, classées, ordonnées, traitées. Un baril extrait du complexe saoudien de Ras Tanura par la Saudi Aramco vaudra toujours plus cher que nos données personnelles, valorisées à quelques centimes.

Pour réduire cette fracture, soucieux de leur martingale financière, les prospecteurs du numérique, qui ressemblent eux au personnage crépusculaire de Daniel Day-Lewis dans *There Will Be Blood*, ont forgé un terme aussi flou que magique : Big Data, une science approximative des données qui, par une commutation plus ou moins aléatoire, permettrait de dégager de confortables marges

51. Clive Humby, « Data is the new oil », ANA Senior marketer's summit, 2006.

52. Tesco est l'une des principales enseignes de supermarchés au Royaume-Uni.

financières. Le calcul est simple. Plus le réservoir à informations est grand, plus celui qui l'administre gagnera de l'argent. La mathématicienne Cathy O'Neil, analyste repentie de Wall Street, raconte de l'intérieur ce point de bascule idéologique dans son best-seller, *Weapons of Math Destruction*[53]. En 2008, lorsqu'elle bifurque vers le privé en venant gonfler les rangs d'un gros fonds spéculatif américain, l'économie mondiale est en pleine crise des subprimes. Des milliers d'Américains, trompés par des prêts toxiques, perdent leur maison. « Si nous avions fait preuve de lucidité à ce stade, nous aurions tous pris un peu de recul pour comprendre le mauvais usage [des mathématiques] qui avait été fait, et comment empêcher à l'avenir une catastrophe similaire. Au lieu de cela, dans le sillage de la crise, les nouvelles techniques mathématiques suscitèrent plus d'engouement que jamais, gagnant davantage de secteurs. [...] C'était l'économie du Big Data, et elle promettait des gains spectaculaires. Un programme informatique pouvait parcourir en une ou deux secondes des milliers de curriculum vitae ou de demandes de prêt, et les trier bien soigneusement, avec en tête de liste les meilleurs candidats. Non seulement une telle méthode faisait gagner du temps, mais elle était aussi présentée et vendue comme équitable et objective. » Depuis lors, cette nouvelle discipline, présentée par ses apôtres comme une rationalisation parfaite de l'économie, veut s'immiscer partout, des transports à la mode. Aujourd'hui, n'importe quel secteur

53. Cathy O'Neil, *Weapons of Math Destruction*, Crown, 2016.

peut théoriquement passer à la moulinette du Big Data. Les pouvoirs publics ne sont pas les derniers à s'en satisfaire. Quelques mois après s'être vu confier un rapport sur l'intelligence artificielle par Matignon, la mission menée par le mathématicien et député Cédric Villani a rendu un rapport enthousiaste qui fleure bon la croissance : « Dopée par les progrès de l'intelligence artificielle, la révolution du big data contribue à rendre le monde plus transparent, plus quantifiable, mesurable à l'infini. Cette révolution est rendue possible par la conjonction de quatre facteurs : la baisse colossale du coût de traitement de l'information, l'avènement du Web 2.0 et des contenus générés par les utilisateurs, la croissance exponentielle des données générées par les humains et les machines, et des progrès spectaculaires en algorithmie[54]. » Si la donnée est un nouveau pétrole, alors nous vivons dans une société thermo-industrielle d'une intensité inédite.

Producteurs 24/7

Nous l'avons vu, tous les spécialistes autoproclamés s'entendent sur ce point : il faut raffiner nos données. Mais en sommes-nous réellement capables ? « Que nous le reconnaissions ou non, le marché concurrentiel est dirigé par une version internationale de la main invisible d'Adam

54. Sous la direction de Cédric Villani, *Donner un sens à l'intelligence artificielle. Pour une stratégie nationale et européenne*, mission parlementaire du 8 septembre 2017 au 8 mars 2018.

Smith, qui est irrémédiablement opaque.» Cet avertissement n'est pas au programme d'un parti anticapitaliste. Il n'est pas issu du dernier livre de Thomas Piketty. C'est un constat d'Alan Greenspan, qui a dirigé la Réserve fédérale, c'est-à-dire la banque centrale américaine, entre 1987 et 2006[55]. S'exprimant au sujet de la loi Dodd-Frank, cette réforme du marché financier engagée par Barack Obama après le krach de 2008, l'économiste déplore un système «plus complexe que les régulateurs ne l'imaginent». Or, si nous ne maîtrisons pas nos économies libérales, comment prétendre domestiquer nos émissions de données? La question se pose avec d'autant plus d'acuité que la chaudière doit être constamment alimentée. Dans son dernier ouvrage, *The Age of Surveillance Capitalism*, l'universitaire américaine Shoshana Zuboff s'alarme des ravages que ne manqueraient pas de provoquer les entreprises qui contribuent à créer une société entièrement quantifiée et «dont les produits nous prédisent notre destinée sans se soucier de ce que nous faisons ou de ce qui nous est fait[56]». Elle décrit un destin programmé par ordinateur auquel il devient inconcevable d'échapper. En exploitant à perte notre «surplus comportemental», autrement dit les traces numériques que nous semons tels de Petits Poucets, Google, Facebook et consorts nous soumettent à un régime qu'elle qualifie de «tyrannique» au sens d'Hannah Arendt.

55. Alan Greenspan, «Dodd-Frank fails to meet test of our times», *Financial Times*, 29 mars 2011.

56. Shoshana Zuboff, *The Age of Surveillance Capitalism, The Fight For a Human Future at The New Frontier of Power*, Profile Books, 2019.

Selon la professeure d'Harvard, le gouvernement des plateformes « ne requiert pas le fouet du despote, pas plus qu'il n'a besoin des camps et des goulags du totalitarisme ». À quoi bon, quand ceux qui sont soumis à son autorité, internautes, citoyens, tous égaux face à leur sort, sont dépourvus du moindre pouvoir. Si séduisant soit-il pour élaborer un discours critique des bouleversements qui se jouent jusque dans l'intimité de nos vies, le discours de Zuboff fait du capitalisme de surveillance un capitalisme accidentel, un dommage collatéral. Une sortie de route, pour ainsi dire, qu'un coup de volant dans l'autre sens suffirait à prévenir. Or la surveillance constante et l'extraction de données sont les conditions *sine qua non* pour survivre dans le capitalisme contemporain. Le Big Data, dont la rhétorique doit tout à son analogie pétrolière – c'est une injonction à l'accumulation, à la prédation et à l'exploitation –, n'est pas un effet de bord : ce n'est rien d'autre que la modalité d'exécution du capitalisme de surveillance.

Sous la plume de Zuboff, nous sommes tous soumis au regard pénétrant de Big Other, un dispositif ubiquitaire « qui contrôle, interconnecte et modifie le comportement humain » et « signale la transformation du marché en un projet présentant une certitude absolue ». Pour décrire le rapport de force qui s'exerce schématiquement entre eux et nous au cœur de cette tyrannie molle, l'universitaire américaine choisit l'angle du pacte faustien. Dans l'architecture du capitalisme de surveillance, nous ne sommes ni des clients ni des produits, tout juste une matière première dont il faut capter l'attention pour mieux l'exploiter. Nous sommes le pétrole, pour ainsi dire. Mais en réduisant ce qui se joue ici à une vaste opération d'extraction technologiquement avancée, voire à un pacte faustien pipé, elle néglige un prérequis indispensable aux dispositifs qu'elle entend décrire : pour être fonctionnel, le Big Data dépend de notre capacité à produire des données, partout, tout le temps. Comment s'en assurer ? En nous mettant littéralement au travail. En ce sens, les travaux précieux d'Antonio Casilli sur le *« digital labor »* permettent de définir un lumpenprolétariat numérique toujours plus important. Le sociologue décrit cette recomposition du travail comme « une activité tâcheronisée qui consiste à le fragmenter et à le standardiser de sorte que n'importe qui peut le réaliser[57] ». Il identifie trois types de travailleurs : ceux, visibles dans l'espace public, qui dépendent des services à la personne opérés à partir d'applications mobiles, de type Uber ou Deliveroo ; les micro-travailleurs faiblement rémunérés qu'on fait passer pour des intelligences artificielles, chargés de catégoriser des mots ou de classer des images ; et enfin, le travail social en réseau, que nous réalisons tous en postant une photo sur Facebook ou en déposant un cœur sur Instagram. Chacune de nos actions en ligne créant de la valeur pour le compte des plateformes que nous utilisons, nous sommes finalement pris au même piège, inféodés aux mêmes structures de pouvoir que les deux premières classes de travailleurs. Est-ce à dire qu'une modératrice

57. Entretien avec l'auteur. Voir aussi Antonio Casilli, *En attendant les robots. Enquête sur le travail du clic*, Seuil, 2019.

philippine de Facebook, un micro-tâcheron auvergnat et un influenceur californien embrassent le même destin, à défaut de partager les mêmes conditions matérielles d'existence ? Ce qui caractérise le capitalisme de surveillance, c'est la disparition du travail. Pas au sens d'un grand remplacement robotique, mais plutôt d'une dissimulation, dans la mesure où il devient impossible de distinguer ce qui relève du travail salarié de ce qui devrait y échapper. Le sommeil, par exemple, devrait être un moment irrémédiablement réfractaire à la conquête. Or, puisque le temps mort n'existe plus, contraint, lui aussi, d'être productif, la nuit elle-même a fini par être confisquée au même titre que le reste. Même quand nous dormons, nous sommes incités à expulser de la donnée, pour notre bien. Sur l'AppStore ou sur Google Play, des dizaines d'applications différentes proposent de surveiller notre repos quotidien à des fins d'optimisation. Elles s'appellent iSommeil, Sleep Better, SleepScore ou Sleep Cycle. Dans sa précédente version, cette dernière utilisait les capteurs de l'iPhone pour mesurer les vibrations du matelas et ainsi déduire les différentes phases du sommeil. Désormais, plus besoin de glisser votre smartphone entre le drap et l'oreiller, puisque l'application exploite le micro de l'appareil pour littéralement écouter votre nuit. À la fin des années 2000, la mode du Quantified Self, littéralement « la mesure de soi », a banalisé cette veille sur nos propres comportements, au nom d'un impératif de bien-être. Théorisée par le journaliste américain Gary Wolf et par le fondateur du magazine technophile américain *Wired*, Kevin Kelly, cette autodiscipline a été popularisée par une série de conférences à travers les États-Unis et l'Europe. Intrinsèquement lié à l'émergence de l'Internet des objets – bracelets connectés, montres intelligentes, etc. –, le Quantified Self, cette lubie de *control freak* a pu être présenté comme une application littérale des préconisations de Michel Foucault sur le souci de soi[58]. L'ironie a de quoi désespérer, tant cette caisse d'enregistrement intériorise la surveillance en prétendant agir au nom d'un instinct libérateur. Et si les applications de santé – pour ne citer qu'elles – nous promettent une meilleure prise sur nos vies, en réalité, notre double numérique nous dépossède. Au lieu d'être la copie informatique de la vie que nous menons, il nous détermine. Dans ces conditions, le miracle de la prédiction vendu à tout bout de champ par les futurologues du Big Data n'est finalement que notre propre mise en conformité avec ce qu'on attend de nous. De quoi réduire nos comportements à une suite d'attendus sociaux. Vais-je aller dîner dans ce restaurant primé par Le Fooding par pur appétit ou parce que c'est là que je dois être ? Bien sûr, les rites sociaux n'ont pas attendu la technologie, mais celle-ci a décuplé leur prégnance. Et puisque l'étreinte ne se desserre jamais, nous ne nous appartenons plus. Jusque dans nos sexualités. Prenez OnlyFans. Ce réseau social, lancé à Londres en 2016, propose à des « créateurs », qu'ils soient youtubeurs ou stars de télé-réalité, de les mettre en contact avec une communauté de

---

58. Melanie Swan, *The Quantified Self: Fundamental Disruption in Big Data Science and Biological Discovery*, Big Data, vol. 1, n° 2, 2013.

privilégiés. Ceux-ci, contre le paiement d'un abonnement, ont ainsi accès à des contenus exclusifs. Le principe n'est pas inédit : au début des années 2000 déjà, pour pouvoir accéder aux photos de jeunes femmes dénudées souvent adeptes des modifications corporelles, les membres de la plateforme SuicideGirls devaient passer à la caisse. Jouant la carte de la proximité, pour ne pas dire de l'intimité, OnlyFans entend instaurer une relation privilégiée entre influenceurs et influencés. Ainsi, dans un article de *Wired*, Clément Castelli, sélectionné pour faire partie de la saison 5 des *Marseillais* (en Afrique du Sud), une émission de télé-réalité diffusée sur W9, raconte comment sa communauté l'a convaincu de sauter le pas, quitte à être filmé en train de se masturber ou de faire l'amour[59]. « Face caméra, et parfois avec plusieurs partenaires, les influenceurs ne sont plus seulement eux-mêmes, ils se transforment en divinités sexuelles numériques », détaille ainsi le journaliste Jason Parham, dans ce qui ressemble à une version pirate de *Loft Story* ou au scénario inachevé d'un Pasolini du futur. Au-delà d'un voyeurisme évident, Clément Castelli et les autres « créateurs » d'OnlyFans (ils seraient 50 000, pour 6 millions d'abonnés) acceptent de ne plus disposer de leur corps. Ce choix ne revient pas à sacrifier sa vie privée, à laisser des milliers de curieux regarder par la serrure de sa chambre, mais à reformater complètement le cadre de son existence. De ce point de vue, la vie

59. Jason Parham, « When Influencers Switch Platforms – And Bare It All », *Wired*, 19 août 2019.

de certaines idoles d'Instagram incarne cruellement le « continuum carcéral » décrit par Michel Foucault, celui-là même « qui diffuse les techniques pénitentiaires jusqu'aux plus innocentes disciplines ».

Saisir l'essence de la surveillance nécessite quelques notions d'architecture, et il semble difficile de décrire notre monde clos sans évoquer le panoptique de Jeremy Bentham. À la fin du XVIIIe siècle, le philosophe britannique d'obédience proto-libérale met au point un modèle de prison moderne qui nous semble aujourd'hui très familier: les détenus sont placés en permanence « sous les yeux » des surveillants qui, occupant une position centrale, voient sans être vus. « La morale réformée, la santé préservée, l'industrie revigorée, l'instruction diffusée, les charges publiques allégées, l'économie fortifiée – le nœud gordien des lois sur les pauvres non pas tranché, mais dénoué –, tout cela par une simple idée architecturale », s'empresse de déclarer Bentham, qui éprouvera par ailleurs les pires difficultés à matérialiser sa trouvaille. Remis au goût du jour par Foucault dans *Surveiller et Punir*, le panoptique possède deux particularités: son modèle peut se répliquer à l'école, à l'usine, à l'hôpital, et il fait peser le poids de la surveillance sur ceux qui en sont l'objet. Ainsi, chaque occupant de la prison de Bentham, « ayant des motifs pour le croire et ne pouvant se convaincre du contraire, est amené à imaginer qu'il fait l'objet d'une vigilance ininterrompue[60] ». Cette possibilité de la surveillance, qu'on

60. Panopticon, première lettre, Idée du principe de surveillance.

serait instinctivement tentés de qualifier de paranoïa, semble pourtant correspondre à la norme qui régit nos vies déclinées en ligne. Régulièrement, lors de débats mollassons sur le respect de la vie privée, on s'entend dire que notre incarcération sans verrous n'est pas bien grave pour une raison évidente : « Je n'ai rien à cacher », ni aux applications de mon téléphone, ni aux réseaux sociaux que je fréquente, ni aux services de sécurité de mon pays. Mais en suivant à la lettre cette instruction, il faudrait aviser sa banque, son employeur ou ses voisins de palier le moindre de nos doutes, de nos mensonges, de nos fantasmes, de nos secrets. Avez-vous vraiment envie que votre assureur soit au courant de la moindre de vos consultations chez cet oncologue, présenté comme le meilleur dans son domaine ? Prétendre s'en accommoder revient donc à dire qu'on est très exactement comme tous les autres et que notre mode de vie n'a rien de singulier. On ira même jusqu'à dire qu'on est désespérément ennuyeux et dénué de la moindre aspérité. Ne rien avoir à cacher, c'est être son propre maton, accepter non seulement de produire de la donnée docilement, mais aussi de faciliter la corrélation entre des dispositifs éclatés dans le temps et dans l'espace. À vrai dire, ne rien avoir à cacher, c'est en réalité se retrouver dans l'impossibilité matérielle de cacher quoi que ce soit. En 2007, alors que le Centre Georges Pompidou fête ses trente ans avec l'exposition « Airs de Beaubourg », Bruno Latour offre sans le savoir une définition particulièrement éloquente du Big Data et des fausses promesses qu'il charrie. « Ce qui est si trompeur dans l'illusion du zoom, c'est l'impression de continuité », écrit le philosophe, avant d'opposer au panoptique un contrepoint atomisé : « Pour rafraîchir l'espace et le rendre un peu plus réaliste, ce n'est pas vers une carte qu'il faut se tourner, quel que soit le nombre de ses pixels, mais vers les oligoptiques. Je désigne par ce néologisme les étroites fenêtres qui permettent de se relier, par un certain nombre de conduits étroits, à quelques aspects seulement des êtres dont l'ensemble compose la ville[61]. » Si le tout est plus petit que ses parties, c'est donc qu'il y a urgence à changer d'échelle.

61. Bruno Latour et Émilie Hermant, *Paris, ville invisible : le plasma*, Les Empêcheurs de penser en rond/Seuil, 2007.

III

Atomiser

Vivre à l'intérieur d'une boîte noire

Des machines au capot soudé

En 1971, Ted Hoff est un jeune ingénieur chez Intel. La société californienne, fondée trois ans plus tôt, promet « une nouvelle ère dans l'électronique intégrée ». C'est la nouvelle aventure de Robert Noyce, surnommé par ses pairs « le maire de la Silicon Valley ». En vingt ans, ce visionnaire récidiviste a contribué à faire entrer le silicium (*silicon* en anglais) sous les abricotiers du comté de Santa Clara. Il a mis au point la puce électronique, équipé les ordinateurs du programme spatial Gemini (le premier à être informatisé par la NASA), perfectionné la culture start-up, inventé l'open space et, selon les mots de Tom Wolfe, le pape du journalisme narratif américain, « transformé l'industrie des semi-conducteurs en un milieu aussi sauvage que le show-business[1] ».

1. Tom Wolfe, « The Tinkerings of Robert Noyce », *Esquire*, décembre 1983.

Forcément, ça attire quelques disciples. Parmi eux, Hoff aura une importance cruciale : c'est lui qui conçoit l'Intel 4004, le premier microprocesseur de l'Histoire. Cette puce de 2300 transistors, dont la forme rappelle celle d'un insecte, est capable d'effectuer 60000 opérations par seconde. L'informatique va pouvoir être miniaturisée, disséminée, incitée au nomadisme. Quarante ans plus tard, des microprocesseurs seront embarqués dans nos ordinateurs portables, nos téléphones et tous nos prolongements électroniques. Révolutionnaire, l'invention de Ted Hoff a changé des vies, à commencer par la sienne : son pacemaker contient, lui aussi, une puce. Mais puisque la technologie porte toujours en elle cet antagonisme, un germe libérateur et un gène avilissant, le microprocesseur a également permis de propager massivement les dispositifs de surveillance mobiles qui supervisent nos vies. Des boîtes noires de tailles et de formes diverses – smartphones, tablettes, etc. – sont littéralement entrées dans nos foyers. J'utilise le terme de « boîte noire » à dessein. À bord d'un avion, c'est la mémoire de bord, qui a pour fonction de tout enregistrer en restant inviolable. Nul ne peut y accéder, et ce n'est qu'en cas de crash aérien qu'on connaîtra ses secrets. Il en va de même pour l'informatique moderne. Si son histoire est un aréopage de bidouilleurs et de bidouilleuses fascinés par les entrailles de leurs créations, il n'aura échappé à personne que le bricolage est aujourd'hui impossible sur la plupart des appareils disponibles dans le commerce. Si votre iPhone tombe en panne, vous n'avez d'autre choix que de vous précipiter chez un revendeur agréé, puisque toute initiative bricoleuse sera considérée par la marque comme un motif de rupture de votre garantie. Plus qu'aucun autre, le téléphone d'Apple incarne une technologie propriétaire, et son design lisse, sans aucune prise, n'indique pas autre chose. Bien sûr, des tutoriels et des kits disponibles en ligne permettent, moyennant un peu d'équipement, de forcer le verrou, mais tout est mis en œuvre par l'entreprise pour vous inciter à ne pas le faire. Des communautés de libristes ou des citoyens responsables explorent bien des alternatives, mais les quelques 218 millions d'iPhone écoulés par Apple en 2018 suffisent à démontrer l'emprise de la firme de Cupertino. Ainsi s'énonce le théorème de la dépossession : plus nos appareils se perfectionnent, moins nous comprenons leur fonctionnement. Cela ne revient pas à dire, comme semblent le croire quelques pythies transhumanistes, que la machine se rebellera inévitablement contre son créateur, mais que nous sommes devenus effroyablement dépendants de ces tuteurs numériques. Nous l'avons vu, le téléphone est une infrastructure de contrôle mobile. Puisque nous sommes théoriquement joignables en permanence – le contraire aurait vite fait de devenir suspect –, nous sommes collectivement et individuellement dans l'impossibilité effective de déconnecter.

Portons la discussion sur un plan émotionnel l'espace d'un instant : est-ce que ça vous satisfait ? Pas moi, et je doute sincèrement que vous me répondiez autre chose. On voit bien, dans cette impuissance cotonneuse et confortable, qu'il y a un problème, de l'ordre de l'insaisissable. Le smartphone n'est pas responsable de tous les maux, certes, mais il en véhicule un certain nombre, par wagons entiers d'applications addictives et de services aussi pratiques qu'opaques. Et puisque c'est un objet chargé d'affects (nos proches, nos amis, nos amours, sont là, littéralement à portée de doigt), il trouve mécaniquement sa place dans notre paysage intime. À bien des égards, nous étreignons cette boîte noire et faisons défiler les écrans d'un doigt à la pression variable, d'une caresse qui porte en elle la possibilité matérielle de nous étouffer. Dans cette relation charnelle, nous sommes prévisibles et mesurables quand la machine demeure complexe et déroutante : les algorithmes des plateformes sont protégés comme des secrets d'État. Penguin ou Panda, les mises à jour de l'algorithme PageRank de Google, qui gouverne le référencement des informations dans le moteur de recherche, ont beau porter des noms animaliers rassurants, l'état-major de l'entreprise les couve comme des ogives nucléaires en pleine guerre froide. Des spécialistes du SEO – cette technique qui consiste à optimiser la visibilité d'un site dans un moteur de recherche – monnayent certes leur capacité à percer le mystère de cette *secret sauce*, mais ils doivent constamment s'adapter aux modifications et amendements décidés dans l'ombre par les géants de l'économie numérique. Pour les plateformes, il en va de l'édification de leur propre mythe, comme Coca-Cola ou le ketchup Heinz. Parfois, elles se font épingler par le législateur, qui tape au portefeuille sans être capable de les faire changer de braquet. Ainsi, depuis 2017, accusé de systématiquement privilégier ses produits au détriment de la concurrence, sur son moteur de recherche ou sur son système d'exploitation mobile Android, Google a été condamné à trois reprises par la Commission européenne pour abus de position dominante. Plus récemment, Amazon a également été soupçonné de modifier son algorithme pour favoriser sa propre marchandise[2]. « Facebook définit ce que nous sommes, Amazon définit ce que nous voulons, et Google définit ce que nous pensons », écrit l'historien des sciences George Dyson[3]. Bien sûr, cette formule définitive ressemble davantage à un slogan marketing qu'à une réalité documentée. Aucune de ces entreprises, aussi puissante soit-elle, ne possède le pouvoir télépathique de pénétrer notre cerveau. Facebook peut-il me réduire aux amis avec lesquels j'interagis ? J'imagine que non. Amazon est-il capable d'anticiper mes angoisses parce que j'ai acheté toutes les éditions pirates de *1984* d'Orwell dans son supermarché géant ? Pas sûr. Google sait-il pour qui je vote en fonction de mes recherches lorsque je furète sur le Net ? Je n'espère pas. Ce dont je suis certain, c'est qu'aucun de ces trois prédateurs ne me laissera vérifier par moi-même les déductions de son algorithme.

2. Dana Mattioli, « Amazon Changed Search Algorithm In Ways That Boost Its Own Products », *Wall Street Journal*, 16 septembre 2019.

3. George Dyson, *Turing's Cathedral*, Pantheon, 2012.

Doctrine des signaux faibles

Aujourd'hui, cette nouvelle idéologie du secret essaime jusque dans les services de l'État. En mars 2015, Manuel Valls présente un projet de loi pour réformer les services de renseignement. Deux mois plus tôt, la France a été endeuillée par les attentats de *Charlie Hebdo* et de l'Hyper Cacher de Vincennes. Mais cette refonte est dans les tuyaux depuis longtemps. « C'est l'aboutissement d'une réflexion vieille de dix ans », assure ainsi le Premier ministre. L'objectif est clair : il s'agit de moderniser les moyens techniques alloués aux espions français, notamment ceux de la DGSI, qui ont pris un retard technologique considérable. Jean-Jacques Urvoas, alors président de la commission des Lois de l'Assemblée nationale et corédacteur du texte, insiste sur la nécessité de « sortir de la zone grise », afin de border par la loi des pratiques « alégales ». En des termes moins crus, il faut vite officialiser les barbouzeries illégales pour enfin devenir une démocratie mature. La loi s'écrit ici à partir de sa transgression, comme dans la définition de l'état d'exception chez Agamben : « Ce n'est pas une dictature, mais un espace vide de droit, une zone d'anomie où toutes les déterminations juridiques sont désactivées[4]. » Mais les services du gouvernement l'assurent, il n'est pas question de suivre l'exemple américain. Chez nous, on pratique « la pêche au harpon, pas la pêche au chalut[5] », une métaphore poissonnière censée

---

4. Giorgio Agamben, *État d'exception, Homo Sacer II*, Seuil, 2003.
5. Selon l'expression de l'ancien garde des Sceaux Jean-Jacques Urvoas.

démontrer que la France ne pratique que la surveillance ciblée. Outre une batterie de nouvelles techniques – de la sonorisation d'un véhicule à l'installation d'un *keylogger* – un logiciel qui permet d'enregistrer toutes les frappes sur un clavier d'ordinateur –, le projet de loi prévoit le déploiement d'un dispositif qui permettrait de « détecter automatiquement une succession suspecte de données de connexion » (de métadonnées, donc) afin de prévenir tout passage à l'acte terroriste. Lors d'une réunion avec la presse à Matignon, Renaud Vedel, le conseiller sécurité de Manuel Valls, s'en remet à une métaphore pour expliquer ce mystérieux radar : « Imaginez que c'est une boîte noire capable de détecter les signaux faibles. » Impossible d'en savoir plus, puisque les spécificités techniques sont classifiées, jalousement conservées au nom d'un impératif de sécurité nationale. Examinée selon les règles de la procédure d'urgence (une seule lecture devant chaque chambre du Parlement), la loi sur le renseignement sera votée par 438 voix pour, 86 voix contre et 42 abstentions. Quel rapport, me direz-vous, avec l'algorithme de recommandation d'Amazon ? Deux boîtes noires aux objectifs aussi dissemblables peuvent-elles procéder d'une seule et même logique ? Pour tenter de répondre à cette question, il faut s'attarder sur les *signaux faibles* que prétend analyser celle du ministère de l'Intérieur, du port de la barbe à un intérêt soudain et suspect pour l'actualité internationale[6]. Pour identifier un aspirant djihadiste en train de

6. Inès Belgacem, « La drôle de fiche envoyée par l'université de Cergy pour détecter la radicalisation », Streetpress, 14 octobre 2019.

planifier un attentat, la boîte noire doit pouvoir compiler un certain nombre de traces numériques, sur le modèle d'une plateforme cherchant à déterminer votre prochain achat en ligne : qui s'est connecté où, quand, pour y faire quoi, etc. Aujourd'hui, tout juste sait-on que trois oracles algorithmiques ont été déployés sur le territoire national et qu'une dizaine de personnes sont surveillées de près, car considérées « à risque ». La France a beau pratiquer la « pêche au harpon » (ce que ce faible chiffre semble indiquer), les algorithmes créés par la loi sur le renseignement doivent mouliner d'importantes quantités de données anodines pour isoler des signatures suspectes. Ce cas pratique non seulement pose une question cruciale – à quel stade la surveillance devient-elle surveillance de masse ? –, mais il révèle en outre une croyance absolue dans la détection, l'anticipation et la prédiction des comportements. « Nous allons trouver de nouveaux terroristes », assurait Matignon en défendant cette mesure expérimentale de la loi sur le renseignement. Le 8 octobre 2019, lors de l'hommage rendu aux agents de la préfecture de police de Paris assassinés par leur collègue Mickaël Harpon, Emmanuel Macron s'est lui-même fait le porte-parole de ce nouvel impératif. « Une société de vigilance, voilà ce qu'il nous revient de bâtir », a ainsi déclaré le chef de l'État, avant de préciser sa pensée en brandissant la lutte contre l'islamisme radical : « Savoir repérer au travail, à l'école, les relâchements, les déviations. » Et qu'importe si cet art divinatoire, hérité de méthodes managériales américaines des années 1980, revient à

« chercher une aiguille dans une botte d'aiguilles[7] ». Jusqu'à présent, cette foi aveugle dans l'ordinateur était réservée au monde du divertissement : elle n'est pas sans rappeler l'intrigue de la série *Person of Interest*, produite par J.J. Abrams et emblématique des États-Unis post-11-Septembre. Le milliardaire Harold Finch, qui a conçu pour le compte du gouvernement américain un système de surveillance de masse, s'y est ménagé un accès clandestin. En brassant images de vidéosurveillance, appels téléphoniques et antécédents judiciaires, La Machine est capable d'anticiper non seulement les actes terroristes, mais aussi la petite délinquance. Chaque jour, comme dans une partie de loto, Finch reçoit le numéro de Sécurité sociale de New-Yorkais impliqués dans des crimes. Pour retrouver ces fameuses *persons of interest*, il est épaulé sur le terrain par John Reese, un ancien de la CIA, qui l'aide à déterminer si ces cibles sont des coupables ou des victimes. On pourrait aussi penser à la brigade Pré-Crime de *Minority Report*. Dans le roman de Philip K. Dick (et son adaptation au cinéma), des oracles dotés de pouvoirs paranormaux – une matérialisation physique des algorithmes – sont capables de voir meurtres et assassinats avant qu'ils ne se produisent, renversant de fait la présomption d'innocence en une présomption de culpabilité : votre comportement prouve que vous alliez passer à l'acte, et les intentions qu'on vous attribue sont aussi condamnables que les actes qui les prolongent.

7. Camille Alloing et Nicolas Moinet, « Traquer les signaux faibles ou l'art illusoire de chercher des aiguilles... dans une botte d'aiguilles », *Information, données et documents*, n° 3, vol. 54, 2017.

De ce point de vue, la justice antiterroriste française ressemble à ces produits culturels contemporains. Depuis qu'elle a été inventée en 1986, elle n'a cessé d'être atomisée : en trente-cinq ans, le Code pénal a vu apparaître l'association de malfaiteurs en relation avec une entreprise terroriste puis, en 2014, le délit d'entreprise terroriste individuelle. Nourrie de l'optimisme technologique de la Silicon Valley et des techniques de ciblage d'un Big Data prophétique, la police entend interpeller des suspects comme Facebook ou Google ciblent les internautes, et l'heure est au culte de la prédiction individuelle, un tamis dont les trous sont de plus en plus petits. L'heure est à l'infiniment petit, aux « loups solitaires » et aux individus « auto-radicalisés », pour reprendre des terminologies chères au ministère de l'Intérieur. Sans surprise, les pouvoirs publics s'attachent à nier cette gémellité méthodologique. Le débat, lui, est piégé : puisque l'antiterrorisme sert de laboratoire, toute voix dissidente, qu'elle vienne du Parlement ou de la société civile, est accusée d'être complice. De cette façon, la défense des libertés publiques se retrouve disqualifiée. Pourtant, le mécanisme enclenché n'affecte pas qu'une poignée de dangereux islamistes. Elle vise également ceux qu'un système en voie d'automatisation identifie comme tels. Physicien au Centre européen de recherche en nucléaire (CERN), Adlène Hicheur a été condamné en mai 2012 à quatre ans de prison ferme, avant d'en sortir quinze jours plus tard (il avait déjà passé deux ans et demi en détention préventive). Son crime ? Avoir évoqué par email des projets d'attentat avec un mystérieux « Phoenix Shadow » rencontré sur un forum. Selon le renseignement intérieur, il était sur le point de poser une bombe contre le 27e régiment de chasseurs alpins d'Annecy. Lors de son procès, en mars 2012, quelques jours après les attaques meurtrières de Mohammed Merah, son avocat, Me Baudouin invoquait une menace fantôme : « Le fait d'avoir tenu ces propos est-il suffisant pour une qualification pénale ? C'est toute la question[8]. » Plus récemment, Hichem M., suspecté d'avoir confectionné le colis piégé qui a explosé à Lyon en mai 2019, blessant treize personnes, a été confondu par son historique d'achats sur Amazon. Les enquêteurs ont déterminé qu'il s'était procuré du matériel de survie, avant de faire livrer à son domicile des piles, des bidons d'eau oxygénée et d'acétone ainsi que des circuits imprimés[9]. Bien sûr, la justice est encore la mieux placée pour évaluer la dangerosité potentielle de ces individus. Mais il faut prendre le temps de nous interroger sur une société qui abaisse à ce point le seuil de la suspicion. Si le visionnage d'une vidéo sur YouTube ou la souscription d'un crédit à la consommation est un signal faible qui peut valoir une mise en examen, comment s'assurer que les machines dont nous sommes progressivement dépendants ne déclenchent pas un taux inacceptable de faux positifs ? En médecine, c'est une façon

8. Soren Seelow, « Adlène Hicheur jugé pour avoir évoqué des projets d'attentat par mail », *Le Monde*, 29 mars 2012.

9. Claire Hache, « Colis piégé à Lyon : comment la police est remontée jusqu'à Hichem M. », *L'Express*, 27 mai 2019.

de nommer un diagnostic clinique erroné. Le patient est jugé malade alors qu'il ne l'est pas. Sous le régime de la surveillance, c'est un jeune identifié à tort par une caméra de surveillance intelligente ou un internaute fiché parce qu'il a téléchargé une copie de *Dabiq*, le magazine de Daesh (ce que j'ai déjà fait dans le cadre de mon activité professionnelle, mais je me demande ce qu'il se serait passé si j'avais été musulman). Dès lors, nous voilà pris en tenaille entre les algorithmes commerciaux des plateformes et des dispositifs régaliens, aussi indéchiffrables les uns que les autres.

Erreurs d'étiquetage

À l'automne 2019, l'artiste Trevor Paglen et la chercheuse en intelligence artificielle Kate Crawford ont lancé ImageNet Roulette. Sur le modèle de ces applications populaires qui permettent de se voir dans trente ans ou de déterminer à quelle peinture flamande nous ressemblons, le binôme proposait de passer un selfie à la moulinette d'ImageNet, l'une des plus importantes bases de données utilisées pour entraîner les intelligences artificielles, afin que celles-ci soient capables de distinguer un vélo d'une moto. Axé sur la reconnaissance des objets, le catalogue compile 14 millions d'images, classées en plus de 20 000 catégories. Après son lancement en 2009, ImageNet a avalé des kilomètres de photos aspirées sur Google, et consciencieusement rangées par des armées de micro-tâcherons au rythme de 50 images par minute.

Dans la description de leur outil, Paglen et Crawford mettent en garde contre le caractère « étrange », pour ne pas dire « raciste » ou « misogyne », des catégories proposées[10]. J'ai soumis trois autoportraits, pris sous des angles, des cadrages et des lumières variables. Ainsi, j'ai successivement été classé « infirmière », « fumeur de pipe » et enfin « personne noire, négroïde ». Au-delà de l'inanité de ces conclusions – comment un tel adjectif, empreint d'un racisme du siècle dernier, peut-il servir à nourrir les intelligences artificielles de demain ? –, c'est que

> les ensembles de données, écrivent Trevor Paglen et Kate Crawford, ne sont jamais de simples matières premières pour nourrir des algorithmes, mais des interventions politiques. Ainsi, la discussion sur les biais algorithmiques est hors sujet : il n'y a pas de terrain neutre, naturel ou apolitique sur lequel construire. Il n'existe pas de remède technique qui consisterait à effacer les termes offensants ou représenter équitablement les couleurs de peau. L'idée même de collecter des images, de les catégoriser est une forme de politique, qui nous oblige à nous demander qui décide de la signification des images et de la finalité politique de ces représentations[11].

Par curiosité morbide, j'ai voulu tester ImageNet Roulette sur quelques personnalités publiques histrioniques.

---

10. Trevor Paglen et Kate Crawford, *Excavating AI : The Politics of Images in Machine Learning Training Sets*, www.excavating.ai, 19 septembre 2019

11. *Op. cit.*

Cyril Hanouna a été catégorisé « primo-délinquant » ; Éric Zemmour, « comédien » ; Marine Le Pen, « visage blanc ». Les esprits taquins trouveront que ce n'est pas si mal vu. Avant de découvrir que Donald Trump est « activiste des droits civiques » et Patrick Balkany « expert en économie ». Conséquence de cette petite expérience depuis mise hors ligne : ImageNet a promis de nettoyer de leurs tags problématiques la moitié des visages stockés sur sa base de données[12].

Qu'il s'agisse de l'algorithme de recommandation d'Amazon, des sondes de la loi sur le renseignement ou des catégories contestables d'ImageNet, nous partageons tous le même destin commun, prisonniers d'une assignation identitaire, ce fameux profil qui colle comme un sparadrap revêche. À la fois celui que nous créons nous-mêmes, en choisissant de renseigner tel ou tel champ, mais aussi et surtout celui qui nous englobe et nous dépasse, dans lequel les structures de contrôle nous enferment. À cet égard, les boîtes noires dans lesquelles nous nous débattons constituent une incroyable restriction du champ de l'expérience et de l'imaginaire. Alors que les plateformes, et plus généralement l'économie libérale, ne cessent de nous vendre des « expériences » clés en main comme un dealer écoulerait des cachets d'ecstasy, tout est mis en œuvre pour homogénéiser nos existences, éliminer les vies aux contours flous, aux rythmes différents,

12. Alex Johnson, « Everyday people : How a massive picture database sparked a discussion about AI and bias », NBC News, 20 septembre 2019.

aux destins inconnus. « Ce qui est fixé nous abuse, et ce qui est fait pour être regardé change d'allure, s'ennoblit », écrivait Paul Valéry[13]. Or, aujourd'hui, ce qui est fait pour être regardé n'a jamais été aussi figé.

13. Paul Valéry, *Introduction à la méthode de Léonard de Vinci*, 1895.

Esthétique du *stalking*

Le continuum carcéral d'Instagram

Quand Tavi Gevinson a commencé à utiliser Instagram, à l'âge de 15 ans, CNN la considérait déjà comme « la future Anna Wintour », en référence à l'intimidante patronne du magazine *Vogue*. La jeune Américaine au visage de porcelaine s'était fait connaître dès la préadolescence grâce à son blog, Style Rookie, lancé quand elle avait seulement 11 ans et rapidement transformé en empire médiatique miniature. La jeune femme était scrutée par des centaines de milliers de personnes avant même de basculer dans l'âge adulte. Depuis, elle a foulé les planches de Broadway et s'est lancée dans l'écriture d'un livre. Sur Instagram, @tavitulle – son identité numérique – est suivie par plus de 500 000 *followers*, et la liste de ses lectures préférées côtoie une escapade au karaoké ou un selfie dans une salle de bain. Son quotidien semble palpable ; chacun peut s'y identifier. Dans un long article publié par le *New York Magazine* en septembre 2019 (elle a posté la couverture sur son compte), Gevinson s'interroge à voix haute : « Qui serais-je sans Instagram ?[14] » Dès l'introduction, elle raconte qu'au lycée, elle possédait trois comptes : un public, un autre réservé à ses amis, et un dernier, secret, sur lequel elle déployait une version désinhibée d'elle-même. « Tout le monde a toujours trois vies, une vie publique, une vie privée et une vie secrète », répétait Gabriel Garcia Marquez[15]. Si elle a pris à la lettre la recommandation du prix Nobel de littérature colombien, Tavi Gevinson y introduit cependant un hiatus : sa vie secrète était la vie publique décomplexée qu'elle ne s'autorisait pas à vivre, constellée « de souvenirs d'un monde de richesse et de prestige auquel [sa] célébrité numérique [lui] donnait occasionnellement accès ». Ainsi, elle raconte comment elle craignait que ce compte intime soit découvert. « Il existait uniquement pour démanger et satisfaire la partie de moi qui avait appris à ne considérer une expérience réellement vécue que lorsqu'elle était prête à être consommée publiquement », écrit-elle honnêtement. Sur son profil public, sa communauté louait sa propension à « être elle-même », renvoyant de fait sa vie secrète à une anomalie frappée du sceau de l'inauthenticité. Et l'influenceuse de décrire l'effet enrôleur d'Instagram : « Au début, mon audience n'était

---

14. Tavi Gevinson, « Who Would I Be Without Instagram ? », *New York Magazine*, 16 septembre 2019.

15. C'est en tout cas ce qu'il a déclaré à son biographe Gerald Martin.

tangible que lorsque je m'asseyais devant mon ordinateur et disparaissait quand j'allais à l'école. Avec Instagram, cette évaluation de l'estime de soi s'est mise à parasiter le reste de ma journée et à devenir mon mode par défaut. [...] À force de juger et d'être jugée, on se retrouve dans un trou noir où le temps disparaît, où nous sommes tous pétrifiés dans nos profils. » En décrivant à quel point la plateforme, à qui elle doit son train de vie confortable, l'a poussée à ne plus se faire confiance, Tavi Gevinson met le doigt sur la violence sourde de la quête d'un soi idéalisé. À son arrivée à New York, ses trois comptes ont fini par fusionner, complétant ce sentiment de dépossession. Avec justesse, elle rappelle que dans le secteur du divertissement, le droit à la déconnexion est un privilège réservé à une poignée de (très) privilégiés. Consciente d'être enfermée dans une représentation rigide, Tavi s'est mis en tête de comprendre le fonctionnement d'Instagram. Dans une série de vidéos, elle arpente les avenues de sa ville d'adoption pour alimenter son « voyage algorithmique » (#myalgorithmjourney). Elle perd des abonnés, qui ne comprennent pas sa démarche, mais parce qu'elle est très populaire, Instagram l'invite dans ses locaux et lui offre quelques indices sur les rouages de l'application.

Étrangement, à la lecture de son témoignage lucide, on ne sent ni abattement ni colère. Mais ce que nous percevons sous l'angle psychologisant du narcissisme contemporain n'est-il pas en réalité la soumission complice à un dispositif particulièrement pervasif ? À l'été 2019, par égard pour la santé mentale de ses utilisateurs, Instagram a commencé à tester une nouvelle fonctionnalité consistant à camoufler les *likes* afin de décourager la compétition et l'étalonnage malsain[16]. Mais à vouloir poser un diagnostic clinique sur notre addiction – qui dépasse le prisme générationnel –, nous oublions le principal : Instagram est un système de surveillance encapsulé dans nos téléphones. Si Bentham était encore en vie, nul doute qu'il y verrait une forme parfaite de panoptique, peuplé de détenus persuadés de gambader en liberté alors qu'ils s'assurent mutuellement de leur docilité. Sur l'application, tout le monde voit tout le monde, c'est exactement sa raison d'être et sa promesse (mais personne ne voit le surveillant, bien caché dans sa boîte noire). Nous y sommes vus de *profil*, dévorés comme Tavi Gevinson par un double qui n'est pas nous, mais une ombre portée. De quoi transformer le réseau social en une incroyable machine à produire de la norme. Récemment, des mères américaines ont fait poser leur marmaille avec une pancarte proclamant : « Cher Instagram, je suis un garçon. J'ai seulement les cheveux longs. Arrête de supprimer mes photos. » Toutes avaient vu les photos torse nu de leurs fils censurées par les modérateurs de la plateforme, qui les ont pris pour des petites filles[17]. S'il permet de constater qu'Instagram, malgré sa pudibonderie

16. Paige Leskin, « Instagram is starting to cut off its most addictive feature, and it could have huge consequences for teens' mental health », Business Insider, 18 juillet 2019.

17. Lauren Strapagiel, « These Moms Are Mad That Instagram Keeps Deleting Topless Photos Of Their Long-Haired Sons », BuzzFeed News, 24 septembre 2019.

légendaire (notamment son aversion pour les tétons féminins), n'hésite pas à sexualiser le corps des jeunes enfants en les traitant comme des adultes miniatures, cet exemple montre aussi à quel point le service photo de Facebook crée – ou ici perpétue – des codes rigides, notamment en ce qui concerne le genre. Le message adressé aux mamans est donc le suivant : coupez les cheveux de vos garçons, conformez-vous à la norme, et tout rentrera dans l'ordre. Il en résulte un continuum carcéral, celui d'une vie supervisée par le smartphone, scandée par les *stories*, ces tranches de vie partagées auprès de notre *communauté*, qui horodatent le moindre de nos petits rituels, ici une ripaille entre amis, là les conclusions de notre dernière lecture. Je le sais, c'est très exactement ce que je fais. Chacune d'entre elles suscite huit « réactions rapides », qui permettent à ma communauté d'apporter un stimulus immédiat à mes photos ou vidéos : un emoji qui rit, un emoji surpris, un emoji aux yeux enamourés, un emoji qui pleure, une paire de mains semblant dire « amen », des flammes, des cotillons et un « 100 » pour boucler la boucle. La palette des émotions humaines se retrouve ainsi réduite à ces huit réflexes pavloviens qui ne sont pas sans rappeler les six émotions primaires de Darwin : la joie, la surprise, la tristesse, la colère, le dégoût, la peur. En informatique, on parle de *templates* pour désigner des gabarits préprogrammés. Pratiques, ils évitent d'avoir à tout construire à partir de zéro. Suivant la même logique, sous la supervision d'Instagram, nous sommes enkystés dans cette série de signaux, qui présentent l'immense avantage d'être faciles à analyser.

Littéralement caricaturales, puisque c'est leur fonction, ces émotions installent une norme universelle, un langage commun partagé par le milliard d'utilisateurs d'Instagram. Seuls les seniors semblent avoir développé malgré eux une stratégie pour tromper la machine, en confondant régulièrement l'emoji qui rit – *« tears of joy »* – et celui qui pleure (ce qui occasionne évidemment d'intenses moments de malaise). L'emoji Mashup Bot, programmé par un étudiant nantais de 19 ans, prend également les atours d'une résistance[18]. Toutes les heures, il prend deux ou trois de ces émotions programmées pour les combiner. On peut se retrouver avec un inoffensif chat à monocle, ou faire face à un robot en costume. Dans ce dernier cas, la nuance permet d'exprimer, au choix, l'aliénation du salariat ou la dévoration machinique du monde. Puisque les conversations encodées en emojis limitent le langage tout en lui rendant une certaine plasticité, toute chose qui ne disposerait pas de sa propre représentation imagée est purement et simplement condamnée à ne pas exister. Ainsi, les personnes rousses – dont la stigmatisation est hélas légendaire – ont dû attendre 2018 pour disposer d'un emoji à leur image. Ces débats autour de la langue vernaculaire du Web pourraient sembler triviaux s'ils ne s'accompagnaient pas d'autres indices de dépossession. Sur Instagram, les formules prêtes à l'emploi – *morning routine, another day at the office* – et les hashtags – #ootd (votre tenue du jour) ou

18. Michele Moses, « A Bot that captures the Ambivalence of Human Emotion », *New Yorker*, 4 septembre 2019.

#momtobe (un heureux événement à venir) – ne sont pas seulement des mutations du discours, mais autant d'éléments qui participent de cette recomposition performative de l'identité et du profil. La vie rigoureusement ordonnée des influenceurs et des influenceuses, faites d'injonctions permanentes et de contenus à poster à heure fixe, n'est-elle pas le sommet vertigineux d'une existence entièrement inféodée à la surveillance tempérée ? Ce « techno-cocon », tel que le décrirait l'écrivain Alain Damasio, n'a pas la brutalité d'un système policier. Il nous incite seulement à être la *meilleure* version de nous-mêmes. J'adore manger, et sur Instagram, j'ai dédié un album entier de *stories* aux plaisirs de la table. Mais vais-je au restaurant parce que j'en ai réellement envie, ou pour me conformer à un attendu social épicurien ? De vous à moi, probablement un peu des deux. De la même manière, les utilisateurs qui envahissent la rue Crémieux, charmante ruelle piétonne du 12e arrondissement de Paris aux maisons colorées, sont-ils contents ou contraints de s'y rendre ? Les riverains n'en peuvent plus. Et les visiteurs parasites ?

Chacun est à sa place

D'une certaine façon, Instagram est à la surveillance ce que le film *Her* est à l'intelligence artificielle : une incarnation d'autant plus convaincante qu'elle est peu spectaculaire. Dans le film de Spike Jonze, sorti en 2014, Theodore, incarné par Joaquin Phoenix, est un écrivain public du futur proche. Il rédige des lettres, tristes, joyeuses ou administratives, pour le compte d'autres personnes. Dépressif, il finit par tomber amoureux d'un système d'exploitation intelligent, baptisé Samantha et à qui Scarlett Johansson prête sa voix. Mais le scénario importe moins que l'ergonomie qu'il embrasse. Alors que les années 1980 et 1990 ont été marquées par une vision apocalyptique de la technologie, de *Terminator* à *Matrix*, *Her* déploie des codes esthétiques familiers, des objets ronds, des couleurs pastel. Autant de doudous rassurants qui rapprochent le film de l'expérience vécue en invisibilisant les dispositifs. Dans le film, l'intelligence artificielle a l'air bien réelle, et dans notre monde, la surveillance, délibérément absente. Pour la saisir, en faire un objet concret fait d'angles et d'aspérités, il faut commencer par reconnaître que nous en sommes les agents consentants. Plus précisément, les agents au consentement arraché – qui s'embarrasse réellement à lire les conditions générales d'utilisation des applications, ces pactes faustiens plus longs que la Constitution américaine ? Sous le régime de la cosurveillance, nous guettons les moindres faits et gestes de nos proches ou de parfaits inconnus. Quiconque a fait l'expérience d'Instagram au lit, juste avant de s'endormir ou en s'éveillant, sera capable de se figurer ce rituel comme le sacerdoce d'un opérateur les yeux rivés sur ses moniteurs. Disciplinés, nous produisons continuellement des données et recalculons la trajectoire de nos existences à la lumière des informations distillées par nos congénères, puis régurgitées par l'application. C'est du reste le modèle économique d'une plateforme qui, après avoir été rachetée par Facebook pour un milliard de dollars en 2012, est aujourd'hui valorisée pour un montant cent fois supérieur[19]. Un mot pourrait circonscrire cette impérieuse nécessité de voir en étant vu, soit l'exact antonyme de la glace sans tain : le *stalking*. C'est un mot sans réel équivalent français. La filature s'en rapproche, même si elle appartient au champ lexical des chapeaux mous et des imperméables mastic. Selon le Merriam-Webster, un dictionnaire qui fait autorité dans le monde anglo-saxon, c'est d'abord une expression légale : « Le fait de suivre et de harceler quelqu'un de manière répétée, dans des circonstances qui feraient craindre à une personne normale d'être blessée ou tuée. » Vu sous cet angle, c'est une incrimination pénale qui nécessite une mesure d'éloignement. Mais le *stalking* s'est frayé un chemin dans nos vies numériques sous une forme plus insignifiante. Ce voyeurisme de tous les jours consiste à collecter des indices, qui permettent ici de savoir si telle personne est célibataire, là de déterminer le périmètre exact de ses inimitiés. Sans l'ombre d'un doute, c'est une recomposition de l'identité, osons le dire, un profilage. Ainsi, les plateformes, terrains de jeu de ces explorations non consenties, nous mettent-elles à contribution pour quadriller la zone et s'assurer que chacun est à sa place. Le *stalking* est un art divinatoire incertain aux conclusions contestables, ce qui le rapproche en ce sens de la déduction algorithmique. La différence ? Au lieu d'entraîner la machine à détecter les signaux faibles, nous

19. Selon un rapport de Bloomberg Intelligence de juin 2018.

habituons notre cerveau à les identifier, dans une boucle de rétroaction fonctionnelle.

Est-ce à considérer que tous nos usages du Web tendent vers la surveillance ? Que le plus anodin de nos *likes* est retourné contre nous ? Que la moindre frappe sur un clavier est consignée pour l'éternité ? L'universitaire Shoshana Zuboff ramène notre subordination à trois étapes essentielles. Les traces que nous laissons sont des « actifs de la surveillance » *(surveillance assets)*, qui sont nécessaires pour engendrer le « chiffre d'affaires de la surveillance » *(surveillance revenue)* et une conversion en « capital de la surveillance » *(surveillance capital)*[20]. Nommer ce mécanisme ne suffit pas à se prémunir contre ses effets, mais sa verbalisation est déjà une victoire stratégique. « Là où les casinos assument avec vantardise leur finalité addictive, le projet du capitalisme de surveillance repose sur le secret », écrit-elle encore. Cette comparaison n'est pas anodine. Tristan Harris, ingénieur repenti de Google, l'utilise aussi. Devenu conférencier et lanceur d'alerte autoproclamé sur notre dépendance au smartphone et à son monde[21], le trentenaire décrit notre compagnon envahissant comme « la machine à sous dans notre poche[22] », prompte à nous envoyer des shoots de dopamine, cette molécule de la

---

20. Shoshana Zuboff, *op. cit.*

21. Il a cofondé le Center for Humane Technology avec d'autres anciens de la Silicon Valley, ainsi que le mouvement Time Well Spent (littéralement, « Du temps bien dépensé »).

22. Tristan Harris, « The Slot Machine in Your Pocket », *Der Spiegel*, 27 juillet 2016.

satisfaction jamais assouvie. Ce point de vue, très populaire lorsqu'il s'agit de décrire l'économie de l'attention, présuppose une forme de déterminisme technologique : les utilisateurs sont piégés par des interfaces qui profitent surtout à ceux qui les mettent en place, et qui ramassent la mise à la fin de la journée. Dès lors, à l'instar d'un tricheur qui compte les cartes à Las Vegas, nous n'aurions d'autre choix que de déployer un ensemble de tactiques et de contre-mesures pour tromper ces dispositifs mensongers *by design*. S'il peut y avoir consensus sur l'existence d'une architecture toxique, cette grille de lecture sensorielle est un guet-apens, assujetti aux représentations béhavioristes qui infectent la Silicon Valley. Qu'est-ce que le béhaviorisme ? Une discipline popularisée aux États-Unis par le psychologue Burrhus F. Skinner, avec la publication du *Comportement des organismes* en 1938. Influencé par les travaux de Pavlov, Skinner s'attache à décrire les comportements humains en fonction de la réponse à un stimulus. Plus précisément, sa théorie dite du conditionnement opérant s'intéresse à l'apprentissage d'une action en fonction des conséquences dudit comportement. Les contingences qui l'entourent vont-elles favoriser sa répétition ? Loin de faire l'unanimité, cette théorie pourrait se résumer grossièrement à un système d'appât et de gratification. Aujourd'hui, cette vision du monde est codée à l'intérieur même des plateformes et des applications qui nous entourent. En 1949, alors que George Orwell publie *1984*, B.F. Skinner oppose son roman utopique de l'après-guerre. *Walden Two*, un clin d'œil à la retraite bucolique d'Henry David Thoreau, décrit l'expérience d'une communauté éponyme, libertaire et autonome. Régie par le « code Walden », cette micro-société d'un millier d'individus est divisée en quatre castes : les dirigeants, les cadres, les scientifiques et les travailleurs. Mais ici, nul besoin d'imposer le pouvoir. Puisque les comportements humains sont dépendants de leur environnement, il suffit de définir scientifiquement l'environnement pour accomplir la société idéale. « Nous n'utilisons pas la force ! Tout ce dont nous avons besoin est une ingénierie comportementale adéquate », s'exclame Frazier, l'alter ego romanesque de Skinner. De cette façon, une veille permanente et effective sur nos propres gestes devrait nous permettre de vivre dans l'harmonie la plus totale. Livre étrange, *Walden Two* n'est pas alimenté par une énergie algorithmique. Pourtant, il résonne étrangement dans le siècle que nous habitons. Et quand nous entendons Mark Zuckerberg répéter à l'envi qu'il souhaite « rassembler le monde » *(« bring the world closer together*[23] *»)*, Facebook prend soudain la même allure de congrégation technolâtre. En 1964, l'historien et critique de la technique américain Lewis Mumford, qui définissait les grandes structures hiérarchiques comme des « mégamachines », voyait dans le projet de Skinner un mirage totalitaire, qui devrait toujours nous interpeller, cinquante-cinq ans plus tard : « Est-ce humainement rentable d'abandonner la possibilité de vivre quelques années

23. Mark Zuckerberg, *Bringing the World Closer Together*, Facebook, 22 juin 2017.

près de l'étang de Walden pour avoir le privilège de passer une vie entière à Walden Two ? Quand nos techniques autoritaires auront consolidé leur pouvoir, avec leurs nouvelles formes de contrôle de masse, leurs panoplies de tranquillisants, de sédatifs et d'aphrodisiaques, la démocratie sous quelle forme que ce soit pourra-t-elle survivre ?[24] »

24. Lewis Mumford, « Authoritarian and Democratic Technics », *Technology & Culture*, n° 1, vol. 5, 1964.

En résidence surveillée

L'informatique qui disparaît

Selon une étude récente réalisée par le Pew Research Center, trois Américains sur dix sont « constamment en ligne[25] ». C'est-à-dire qu'ils ne déconnectent jamais, jonglant entre leur compte Twitter, une vidéo YouTube de cuisine et un podcast sur le genre. On a dressé le portrait-robot de ces ultra-internautes : ils ont entre 18 et 29 ans (48 %), sont diplômés de l'enseignement supérieur (36 %) et mieux ils gagnent leur vie, plus ils sont dépendants de leurs écrans (34 % chez les individus dont le salaire annuel dépasse 75 000 dollars). Aux États-Unis, un terme sert désormais à désigner ces vies numériques sans hiatus : *« extremely online »* (extrêmement connecté).

25. Andrew Perrin et Madhu Kumar, « About three-in-ten U.S. adults say they are "almost constantly" online », Pew Research Center, 25 juillet 2019.

L'expression, forgée au milieu des années 2010[26], est intimement liée à certains usages numériques, en l'espèce une addiction nocive aux discussions qui incendient quotidiennement Twitter. Profondément endogame, l'individu extrêmement connecté est ainsi devenu une figure récurrente de la presse libérale américaine, notamment pour évoquer la toxicité de nos habitus numériques : « La vérité sur le fait d'être élevé par un parent extrêmement connecté » (BuzzFeed) ; « Mes conversations candides avec des gens extrêmement connectés à qui Internet a brisé le cerveau » *(Esquire)* ; « Ce nid à merde a fait de moi ce que je suis : quatre journalistes extrêmement connectés racontent comment Internet a détruit nos cerveaux et comment nous pouvons les réparer » (Mother Jones). Intimement liée à la génération qu'on y rattache – la mienne, celle des fameux *millenials*, nés entre 1980 et 2000 –, cette taxinomie devient aussi une modalité de la survie en milieu hostile. Parce qu'elle est *extremely online*, Alexandria Ocasio-Cortez, alias AOC, la très populaire représentante démocrate de New York, serait « le repoussoir parfait pour les médias pro-Trump[27] », en ce sens qu'elle s'appuie sur une communication « immédiate, organique et sans filtre », pour contrer la communication immédiate, organique et sans filtre du président. De ce point de vue, vivre sa vie de manière extrêmement connectée reviendrait à être

26. Jay Hathaway, « What Does It Mean To Be Extremely Online ? », *The Daily Dot*, 29 mai 2018.

27. Charlie Warzel, « Alexandria Ocasio-Cortez Is A Perfect Foil For The Pro-Trump Media », BuzzFeed News, 7 janvier 2019.

inféodé aux outils tout en s'exprimant avec une louable sincérité désintermédiée. Tel que le présentent de nombreux médias progressistes, l'impératif de connexion n'est plus seulement une preuve de modernité, un badge qu'on exhibe pour montrer qu'on est bien dans son époque. C'est également une nécessité pour occuper le terrain, avec les armes de l'ennemi. Ici, l'omniprésence en ligne n'est plus une évasion du réel, mais une norme qui le conditionne jusqu'à le recouvrir complètement. Le point de non-retour est à portée de vue : les phénomènes de radicalisation, du djihadisme au suprémacisme blanc, sont parfois hâtivement expliqués par la même réclusion dématérialisée.

Mais nous aurions tort de penser que la connexion extrême est réservée à une altérité un peu timbrée ou à une brochette de CSP+ réduits à l'autarcie. Parce qu'il est déclaratif, le sondage du Pew Research Center tend à considérer que nous avons la main sur notre niveau de connexion. Or, nous l'avons vu, notre libre arbitre et notre consentement se dissolvent dans des dispositifs opaques aux modalités variables, et il devient virtuellement impossible d'échapper aux représentations numériques de soi. Et si, matériellement incapables de borner notre propre enclos, nous étions tous *extremely online* ? En 1991, quand il décrit « l'ordinateur du XXIe siècle », l'ingénieur Mark Weiser, père de l'informatique ubiquitaire, anticipe cette dissolution du monde[28]. À l'aube du troisième millénaire, il en est persuadé, des équipements matériels et logiciels,

28. Mark Weiser, *op. cit.*

connectés entre eux par des câbles, des ondes et des capteurs, seront tellement omniprésents « que plus personne ne remarquera leur présence ». Au même moment, Tim Berners-Lee, qui a inventé le World Wide Web deux ans plus tôt, héberge le premier site de l'Histoire chez son employeur, l'Organisation européenne pour la recherche nucléaire. Le Simon d'IBM, l'ancêtre de nos smartphones, qui s'appuie sur la nouvelle norme GSM, ne sera commercialisé qu'en 1994. L'appareil, doté d'un écran tactile, permet d'envoyer et de recevoir des fax, et embarque un système de radiomessagerie. Pourtant, Weiser décrit le monde dans lequel nous vivons aujourd'hui avec une acuité déroutante. « Une révolution de l'intelligence artificielle n'est pas nécessaire, nous avons seulement besoin de l'imbrication des ordinateurs dans la vie de tous les jours », écrit-il encore, prophétique. Convaincu de l'invisibilisation inévitable des systèmes informatiques, il est persuadé que notre accoutumance progressive aux machines finira par nous faire oublier l'idée même de leur présence. Renvoyés à la périphérie de notre champ de vision, ces outils de calcul peuvent ainsi s'incarner dans la banalité de nos environnements familiers. Il est intéressant de relever que Weiser et ses collègues négligent délibérément la notion de réalité virtuelle, qui consiste à fabriquer un monde à l'intérieur d'un ordinateur en enfilant des lunettes spéciales ou une combinaison bardée d'électrodes. « C'est une carte, pas un territoire », sanctionne l'informaticien, qui pronostique au contraire une « réalité incarnée », où les appareils sont débarrassés de leurs carapaces physiques.

Sans être complètement réalisée, cette utopie gazeuse est l'horizon que contemplent bon nombre de grands patrons du secteur. En 1995, dans son livre-manifeste, Bill Gates, le patron de Microsoft, s'ébaudit d'une « économie sans friction[29] » qu'on peut interpréter comme la foi en une abolition de toute distance sociale inhérente aux rapports humains. Vingt ans plus tard, devant le gotha du patronat mondial réuni au Forum économique mondial de Davos, Eric Schmidt, alors président de Google, annonce, lui, « qu'Internet va disparaître[30] ». Avec l'aplomb qui caractérise ces présages, il reprend à son compte les visions de Weiser : « Il y aura tellement d'adresses IP, tellement d'appareils, de capteurs, d'objets que vous portez, que vous ne les sentirez même plus. Ils seront en votre présence en permanence. » Chez les tenants de l'informatique ubiquitaire, la dimension sensorielle revêt une importance capitale, et les derniers mots de l'article publié dans *Scientific American*, en préfigurant nos univers applicatifs, lévitent autour d'un idéal forestier qui appartient à l'imaginaire collectif depuis la retraite au fond des bois d'Henry David Thoreau :

> Les ordinateurs ubiquitaires aideront à résoudre la surcharge d'information. Il y a plus d'informations disponibles au bout de nos doigts lors d'une marche dans les bois que dans n'importe quel système informatique. Pourtant, les gens sont aussi relaxés par une marche dans les

29. Bill Gates, *The Road Ahead*, Viking Penguin, 1995.

30. Intervention au Forum économique mondial de Davos le 22 janvier 2015.

> bois qu'ils sont frustrés par les ordinateurs. Des machines qui épousent l'environnement humain, au lieu de forcer les humains à pénétrer le leur, feront des ordinateurs des expériences aussi rafraîchissantes qu'une marche dans les bois[31].

Selon cette grille de lecture, la moindre de nos respirations, le moindre bruissement de feuilles, devient une donnée *actionnable*, convertible et exploitable. Comme dans la communauté Walden Two de Skinner ou la confrérie Facebook de Zuckerberg, l'incitation comportementale remplace la contrainte hiérarchique. Si elle présente les atours de la libération, l'informatique ubiquitaire de Weiser, digérée par le capitalisme de surveillance, promet une mise au travail perpétuelle, tolérable parce qu'elle est rendue imperceptible.

Alexa, m'écoutes-tu ?

Si l'ordinateur n'est plus prisonnier de sa boîte, c'est qu'il peut se réincarner sous une autre forme. Depuis l'après-guerre, l'idée même d'encapsuler des machines intelligentes dans une foultitude de gadgets a nourri la culture populaire. À partir de 1946, le détective Dick Tracy, du *comic strip* éponyme, est équipé d'une *2-Way Wrist Radio*, une montre alimentée par une pile atomique qui permet de communiquer à distance. Et à la fin des années 1960, *Star*

31. Mark Weiser, *op. cit.*

Trek vulgarise le Tricorder, un appareil qui permet tout à la fois d'enregistrer des informations et d'analyser des données. La science n'est pas en reste, puisqu'entre 1955 et 1961, les mathématiciens Edward Thorp et Claude Shannon inventent le premier ordinateur miniature. De la taille d'un paquet de cigarettes, celui-ci permet de maximiser les gains d'un parieur à la roulette. Testé à Las Vegas, le dispositif sera tenu secret jusqu'en 1966[32]. Il faudra attendre le début des années 1990 pour que les technologies portables pénètrent très prosaïquement les corps. John Romkey, pionnier des protocoles sur lesquels repose encore le Web d'aujourd'hui, met au point le premier objet connecté, un grille-pain de la marque Sunbeam qu'il peut contrôler à distance grâce à Internet. Sans grande valeur scientifique, l'expérience se réclame d'une exploration ludique. Au même moment, au Massachusetts Institute of Technology, une brochette de savants fous emmenée par Steve Mann se transforment en cyborgs volontaires. Ils portent en permanence des accessoires capables d'enregistrer la moindre de leurs actions et forgent le concept de sousveillance, un archivage de leur propre vie par une boîte noire qu'ils portent autour du cou. Mais la démonstration la plus proche de nous a lieu en 1994 chez Xerox PARC, le centre de recherche dont est issu Mark Weiser. Deux informaticiens, Mik Lamming et Mike Flynn, y construisent un

32. Edward Thorp, *The Invention of the First Wearable Computer*, 1999.

étrange prototype baptisé Forget-Me-Not (Ne m'oublie pas[33]). Testé dans leurs bureaux, cet ancêtre du smartphone enregistre grâce à des capteurs toutes les actions de celui qui le porte en les compilant en pictogrammes, forme préhistorique de nos emojis contemporains. L'interface est contextuelle : si un document a été remis dans telle salle de réunion, on peut y accéder en cliquant sur l'icône correspondant à ce lieu. Chaque objet peut ainsi avoir sa propre biographie. Popularisée dans les années 2000 sous la terminologie d'assistant personnel, l'« informatique intime » de Lamming et Flynn ne réclame aucune interaction de la part de son propriétaire. Un an plus tard, dans le magazine *Wired*, Nicholas Negroponte, fameux chercheur au MIT, compose un nouveau néologisme : « Pour que les appareils [hardware] et les logiciels [software] puissent vous suivre aisément partout, ils doivent fusionner dans le softwear [un mot-valise que l'on pourrait traduire par "logiciel-à-porter"][34]. » Aujourd'hui, ce rêve de gazéification a atteint sa masse critique pour devenir un produit de consommation de masse. En 2018, Apple a ainsi écoulé plus de 22 millions d'Apple Watch, sa montre connectée qui permet de relever ses emails ou de répondre à ses textos. Fitbit, qui commercialise des moniteurs d'activité physique – sous la forme d'un bracelet à porter au poignet par

---

33. Mik Lamming et Mike Flynn, *Forget-Me-Not, Intimate Computing in Support of Human Memory,* International Symposium on Next Generation Human Interface, 1994.

34. Nicholas Negroponte, « Wearable Computing », *Wired*, 1er décembre 1995.

exemple – a multiplié ses ventes par vingt depuis 2012, passant de un à vingt millions d'unités. Au point que Google, flairant l'aubaine, a racheté l'entreprise pour 2 milliards de dollars en novembre 2019. Motivés par la perspective de prendre soin de leur santé (l'Apple Watch n'embarque-t-elle pas un électrocardiogramme ?), les clients sautent le pas, tandis que les entreprises qui les séduisent nouent des partenariats avec des compagnies d'assurance ou des acteurs de la santé. Avec son programme secret Nightingale, Google peut désormais accéder aux données médicales de millions de patients américains dans 21 États (sans que ceux-ci en aient été avisés)[35], tandis qu'Apple s'est rapproché de plusieurs services Medicare aux États-Unis pour subventionner l'achat de montres connectées à destination des seniors[36]. Sous ce prisme, peut-on encore parler de souci de soi ? Celui-ci a tôt fait de muter en surveillance au nom de l'observance. Dans le jargon médical, ce terme désigne l'adéquation entre le comportement d'un patient et le traitement qu'on lui propose. Avez-vous bien pris vos cachets ? L'industrie des *wearables*, ce barbarisme anglicisant, a bien compris qu'elle pouvait dégager d'importants profits en jouant le rôle de vigie consciencieuse. En enquêtant sur les tracas d'un collègue souffrant d'apnée du sommeil, un journaliste de ProPublica a ainsi

35. Rob Copeland, « Google's "Project Nightingale" Gathers Personal Health Data on Millions of Americans », *Wall Street Journal*, 11 novembre 2019.

36. Christina Farr, « Apple is in talks with private Medicare plans about bringing its watch to at-risk seniors », CNBC, 16 janvier 2019.

découvert que les encombrants masques respiratoires surveillaient les patients qui en étaient dotés pour le compte de leurs assureurs[37]. S'ils ne les portent pas suffisamment, ils peuvent être pénalisés financièrement. Et l'*augmentation*, par la mise en réseau, des valides de devenir une coercition pour les malades, les fous ou les handicapés. Un autre exemple est encore plus éloquent. En 2017, la Food and Drug Administration, l'agence américaine des denrées alimentaires et du médicament, a autorisé la mise sur le marché de l'Abilify MyCite. Commercialisé par l'entreprise pharmaceutique japonaise Otsuka, il est prescrit dans le cadre du traitement de la schizophrénie et des troubles bipolaires. Sa spécificité ? Il contient un capteur, enfermé à l'intérieur du comprimé. De la taille d'un grain de sable, celui-ci se dissout au contact des sucs gastriques. Entre trente minutes et deux heures après l'ingestion du cachet, un médecin ou un proche est ainsi en mesure de savoir si le patient coopérant a respecté l'observance thérapeutique. La santé est un excellent prisme pour percevoir les dangers d'une existence séquencée en histogrammes, surtout dans une société qui, par son obsession du bien-être, fabrique des malades. Imaginez que votre frigidaire sache que vous buvez trop de sodas ou que votre sonnette intelligente enregistre l'heure de votre départ au bureau. Imaginez que ces informations soient transmises à votre assureur, qui s'inquiète pour votre cholestérol, et à votre patron, très à

37. Marshall Allen, « You Snooze, You Lose : Insurers Make The Old Adage Literaly True », ProPublica, 21 novembre 2018.

cheval sur la ponctualité. Si l'hôpital est une institution de la surveillance disciplinaire chez Foucault, au même titre que l'école ou la caserne, l'effacement des dispositifs qui nous entourent nous place dans une situation où l'infraction au régime du savoir-vivre est un risque permanent.

Grandes et petites oreilles

Placés dans une situation d'alerte permanente quant à nos propres comportements, cernés par des capteurs de toutes formes et de toutes tailles, nous aurions de quoi devenir légitimement paranoïaques. À ce titre, une interrogation est revenue avec la vigueur d'un mythe moderne alors que j'écrivais ce livre : nos téléphones sont-ils capables de nous écouter ? C'est l'hypothèse préférée des internautes prudents. Répondant à la question d'un parlementaire, Mark Zuckerberg l'a lui-même évoquée lors d'une audition devant le Sénat américain en avril 2018 : « Vous parlez de cette théorie du complot selon laquelle nous écoutons ce qui se passe dans votre micro afin de vendre de la publicité. Nous ne faisons pas ça. » Sondez vos amis et vos proches. Je suis absolument certain qu'au moins l'un d'entre eux vous racontera cette expérience étrange, ce moment où il a reçu une publicité pour des cours de boxe une heure après avoir évoqué le sujet oralement, lors d'une conversation informelle. Parce que nous autorisons certaines applications à accéder au micro de notre appareil, il n'est pas complètement farfelu d'imaginer que nos échanges intimes soient enregistrés. Bien décidés à tirer cette affaire au clair, des chercheurs de l'université Northeastern de Boston ont disséqué plus de 17 000 applications[38]. Sans jamais trouver la preuve que ces assistants personnels tendent l'oreille quand nous parlons. Au lieu de ça, la *task force* universitaire a découvert une réalité tout aussi inquiétante : plusieurs des applications décortiquées enregistrent ce qui se passe sur votre écran. En d'autres termes, si vous commandez une pizza et que vous recevez un texto d'un ami au même moment, le service dédié à la malbouffe est susceptible de transmettre ce signal accidentel à un acteur tiers, un courtier en données par exemple. Cette peur panique de la captation auditive pourrait n'être qu'un vilain croquemitaine si elle ne trouvait pas, dans d'autres circonstances, une assistance attentive. Comme le formule le philosophe et musicologue Peter Szendy, « y a-t-il du son sans oreilles pour l'entendre ?[39] » Ainsi, au cours de l'année 2019, les géants du numérique ont tous été pris en flagrant délit de Watergate domestique. Alors que Facebook tente de négocier financièrement ses multiples manquements à la protection de la vie privée, Bloomberg a révélé que l'entreprise payait des sous-traitants pour analyser les conversations de ses utilisateurs sur son service Messenger[40]. La mission de ces espions : s'assurer que

38. Kashmir Hill, « These Academics Spent the Last Year Testing Whether Your Phone Is Secretly Listening to You », Gizmodo, 3 juillet 2018.

39. Peter Szendy, *Sur écoute. Esthétique de l'espionnage*, Les Éditions de Minuit, 2007.

40. Sarah Frier, « Facebook Paid Contractors to Transcribe Users' Audio Chats », Bloomberg, 13 août 2019.

l'intelligence artificielle promise par la plateforme avait correctement interprété et catégorisé les informations échangées. Mais le premier réseau social n'a pas le monopole de cette discrète activité. En quelques mois, Google, Amazon, Microsoft et Apple ont tous été épinglés pour des faits similaires. Preuve que la parole n'est pas encore superflue. D'anciens micro-travailleurs de la marque à la pomme, entassés dans un bureau irlandais, ont ainsi raconté comment ils étaient contractuellement tenus de traiter 1300 « itérations » par jour, soit autant d'échanges entre des utilisateurs et Siri, l'assistant vocal de l'iPhone. Ils y entendent « beaucoup de sextos », « des voix d'enfants », des appels à l'aide de personnes dépressives ou des propos pédophiles[41]. Le travail est éprouvant, le rythme intense, le salaire minimaliste. Après la révélation de l'affaire dans les médias, le programme est suspendu et 300 salariés sont licenciés. Ces révélations venues de l'intérieur démontrent à quel point les plateformes, au prétexte d'entraîner leurs intelligences artificielles (et de rendre nos vies plus confortables), se comportent comme des services de renseignement. Quand Edward Snowden constatait avec amertume la privatisation du sacerdoce qu'il avait choisi après le 11-Septembre (lui-même ne travaillait pas pour la NSA, mais pour une série de divers sous-traitants exécuteurs des basses besognes), le grand public peut parvenir au même diagnostic en ce qui concerne les grandes

41. Jérôme Hourdeaux, « Assistant vocal d'Apple : le calvaire des salariés », Mediapart, 30 août 2019.

plateformes numériques, promptes à délocaliser la partie la plus clandestine de leur activité. On parle communément des « grandes oreilles » pour désigner la curiosité statutaire des agences d'espionnage, dotées d'immenses champs de paraboles. Peut-être devrait-on davantage s'intéresser aux « petites oreilles » du capitalisme de surveillance. Chacun pourra ainsi apprécier le surnom donné par TaskUs Inc, l'un des prestataires de Facebook : Prism, le même nom que l'un des programmes de surveillance révélés par Edward Snowden en 2013. Et si *La Vie des autres*[42], ce film qui décrit l'action de la Stasi dans l'Allemagne de l'Est d'Erich Honecker, convoyait dans son titre tout l'intérêt que nous portent les étendards de l'économie numérique contemporaine ?

Quelle que soit la paire de lunettes avec laquelle on décide d'observer la situation, aucun endroit ne symbolise plus l'invasion de l'informatique ubiquitaire que l'intimité de nos domiciles. Matelas connectés, fours intelligents, thermostats *smart*, nos sanctuaires inviolables sont en train de devenir les appartements-témoins d'une vaste expérience d'auto-surveillance. Voix sans visage, les assistants vocaux symbolisent parfaitement ce raid domotique. Ils sont là pour nous écouter. Interrogé par un journaliste de la BBC qui lui demandait s'il fallait aviser nos invités de la présence d'appareils susceptibles d'enregistrer nos conversations, Rick Osterloh, le vice-président de Google en charge des objets connectés, pris de vitesse, a finalement répondu :

42. Florian Henckel von Donnersmarck, *La Vie des autres*, 2006.

« Ça alors, je n'y avais pas pensé[43]. » C'est pourtant leur fonction, et c'est la raison pour laquelle les conversations qu'ils entendent sont ensuite répercutées à des analystes humains sans notre consentement. Selon une étude du cabinet britannique Juniper Research, 55 % des foyers américains seront équipés d'ici à 2022, Amazon Echo et Google Home dominant largement le marché, le premier ayant déjà été vendu à plus de 100 millions d'exemplaires. Encore balbutiants, ces agents conversationnels sont chargés d'aiguiller nos choix, qu'il s'agisse de réserver des billets d'avion, de lancer une chanson ou de consulter l'actualité internationale. Au sens littéral, ce sont – encore – des boîtes noires, anodines, des cylindres métalliques qui ressemblent à tout, à rien, et se fondent dans nos salons. Il suffit d'observer notre rapport passionnel au smartphone pour deviner qu'en plus de modifier notre environnement, ces auxiliaires de vie vont banaliser de nouveaux gestes. « Dites à Google de le faire », incitait un spot publicitaire de l'entreprise californienne diffusé au printemps 2018. Quant à Alexa – la voix amicale qui motorise les enceintes Amazon –, on l'appelle déjà par son prénom, comme on accueillerait un nouveau membre dans la famille. La firme de Seattle est un cas d'école. Parce qu'elle a d'abord œuvré dans le commerce en ligne et la prédation des librairies et des supermarchés, elle n'est pas immédiatement apparue comme un avatar de la surveillance. Pourtant, en quelques

43. Leo Kelion, « Google chief : I'd disclose smart speakers before guests enter my home », BBC, 15 octobre 2019.

années, elle a largement investi ce créneau porteur, s'évertuant à fétichiser sa marchandise comme si elle provenait « de la région nuageuse du monde religieux[44] ». En septembre 2019, Amazon a annoncé pléthore de nouveaux gadgets connectés : des écouteurs sans fil (Echo Buds), des lunettes (Echo Frames), et même une bague (Echo Loop)[45]. Tous sont compatibles avec Alexa, transformant celle-ci en l'équivalent féminin de HAL 9000, l'ordinateur retors de *2001, l'Odyssée de l'Espace*. Cette double invasion, du domicile et du corps, va même plus loin, puisque Amazon transforme déjà certaines maisons américaines en annexes des commissariats de police. Après avoir racheté Ring, un fabricant de sonnettes intelligentes, en 2018 pour une somme supérieure à un milliard de dollars, l'entreprise a noué des partenariats avec plus de 600 services de police locaux[46]. Arguant de la « nécessité d'une auto-surveillance », elle transforme ces judas inoffensifs en caméras accessibles par la police. Puisque le dispositif disparaît, le contrôle démocratique censé l'accompagner s'efface aussi et les images peuvent être conservées indéfiniment. Comme toujours avec le capitalisme de surveillance, rien n'est obligatoire, mais à titre d'exemple, la municipalité de Washington incite financièrement ses

44. Karl Marx, *Le Capital*, chapitre premier, 1867.

45. Charlotte Jee, « Amazon wants you to be surrounded with Alexa – wherever you are », *MIT Technology Review*, 26 septembre 2019.

46. Drew Harwell, « Doorbell-camera firm Ring has partnered with 400 police forces, extending surveillance reach », *Washington Post*, 28 août 2019.

administrés à s'équiper d'un tel objet (elle propose de les rembourser jusqu'à 500 dollars), comme s'il s'agissait d'un vélo électrique destiné à réduire notre empreinte carbone. Une application liée, Neighbours, permet au voisinage de s'organiser en vigie de quartier, et il ne manque guère que l'adjonction de Rekognition, le logiciel de reconnaissance faciale vendu par Amazon aux forces de l'ordre, pour cimenter le cercle et le soustraire définitivement à toute instance de contrôle. À défaut de fabriquer de nos mains les outils de notre propre servitude, nous pouvons les commander en trois clics sur Internet. On repense alors aux mots de Mark Weiser, et ceux-ci résonnent avec une intensité qui va crescendo : « Les technologies les plus profondes sont celles qui disparaissent. » Ou font semblant.

La vie privée, une parenthèse de l'Histoire

Le marathon des excuses

En disparaissant, les instruments du contrôle parviennent également à changer les règles du jeu. Portland, Oregon, 2014 : Erich England, un policier en civil, « hèle » un chauffeur Uber sur son smartphone. À l'époque, comme à son habitude, le service de véhicules privés vient d'investir la ville à la hussarde, sans l'accord des autorités. L'inspecteur a pour mission de se faire passer pour un client afin de caractériser le flagrant délit. Peine perdue. Il l'ignore, mais grâce à un logiciel baptisé Greyball, l'entreprise l'a déjà repéré et le fait tourner en rond avec une application peuplée de véhicules fantômes. L'outil fait partie d'un programme plus vaste, baptisé VTOS *(violation of terms of service)*. Grâce à lui, Uber entend lutter contre les taxis véhéments ou les concurrents qui tenteraient de perturber le bon fonctionnement de ses activités, mais aussi contre les autorités qui essaieraient – les impudents – de faire respecter la loi. Aux textes officiels, la start-up oppose ses conditions générales d'utilisation (CGU), un régime légal autonome qu'elle est seule à maîtriser. Et dans son système, la violation des secondes prévaut sur la transgression des premiers. Quand le *New York Times* révèle l'existence de Greyball en 2017[47], Uber n'en est pas à sa première cachotterie. En septembre 2011, alors qu'il a pris place à l'arrière d'un SUV new-yorkais en direction d'une gare où il doit attraper un train pour Washington, le chef d'entreprise Peter Sims reçoit un étrange message d'une vague connaissance professionnelle. Celle-ci lui demande s'il est bien assis dans une voiture à l'intersection entre la 33e rue et la 5e avenue. Imaginant qu'elle l'a aperçu depuis un véhicule adjacent, il lui répond par l'affirmative. Mais au fil de la course, Sims continue à recevoir des alertes par texto, révélant son itinéraire comme s'il était pris en filature. Le chauffeur lui assure que personne ne peut accéder aux données de son profil. Finalement, Julia Allison, la connaissance en question, finit par lâcher le morceau : elle est à la soirée de lancement d'Uber à Chicago et, en guise d'apéritif, les hôtes ont décidé de projeter sur écran géant la géolocalisation de quelques utilisateurs new-yorkais triés sur le volet. Dont Peter Sims, qui vient de découvrir l'existence du mode *« God View »,* une fonctionnalité omnisciente parfaitement logique : les entreprises

47. Mike Isaac, « How Uber Deceives The Authorities Worldwide », *New York Times*, 3 mars 2017.

technologiques n'aiment rien tant que jouer à Dieu[48]. Authentiquement libertariens, les acteurs de la Silicon Valley revendiquent une liberté absolue, le droit inaliénable de se mouvoir à leur guise dans l'économie de marché au nom de l'innovation. En 2011, quelques semaines avant les mésaventures automobiles de Peter Sims, le président Nicolas Sarkozy organise à Paris l'eG8, un grand raout au jardin des Tuileries destiné à draguer les têtes de pont du capitalisme numérique. Lors d'un panel, Eric Schmidt, le patron de Google, s'exprime sur l'opportunité d'une intervention législative pour réguler l'activité, envahissante, des entreprises du même type que la sienne. La réponse fuse, cinglante : « Nous irons beaucoup plus vite que n'importe quel gouvernement[49]. » Par cette phrase lapidaire, il ne se contente pas de désapprouver une intervention régalienne ; il sanctionne l'incapacité matérielle des États à agir, pris de court par le solutionnisme technologique des plateformes[50]. « Move fast and break things », revendiquait Mark Zuckerberg en 2009[51], cinq petites années après avoir mis au point Facebook dans son dortoir

48. Peter Sims, *Can We Trust Uber ?*, Silicon Guild, 26 septembre 2014.

49. Pascal-Emmanuel Gobry, « Eric Schmidt To World Leaders At eG8 : Don't Regulate Us, Or Else », Business Insider, 24 mai 2011.

50. La notion de « solutionnisme technologique » a été forgée par l'intellectuel biélorusse Evgeny Morozov dans son essai *Pour tout résoudre, cliquez ici* (Fyp, 2013). Par « haine du dysfonctionnement », les entrepreneurs du numérique voudraient nous débarrasser des problèmes, des tensions et des frictions du monde, persuadés que la technologie aura réponse à tout.

51. Henry Blodget, « Mark Zuckerberg on Innovation », Business Insider, 1er octobre 2009.

de Harvard. La citation dans son intégralité use d'ailleurs du même vocabulaire de l'empressement que Schmidt : « *Move fast and break things. Unless you are breaking stuff, you are not moving fast enough* » (« Avancez vite et cassez des choses. Si vous ne cassez rien, vous n'avancez pas assez vite »). À cet égard, le reformatage de la notion de vie privée par ces mêmes plateformes est un exemple particulièrement convaincant de ce mantra brutal. Depuis sa création, Facebook fonctionne suivant un cycle ininterrompu de violations et d'excuses. Dès 2003, alors qu'il n'a pas encore lancé la version préhistorique de son site, Zuckerberg déploie Facemash, un outil qui propose à ses camarades étudiants de noter le sex-appeal de leurs photos respectives, récupérées par ses soins sur les serveurs du campus. Il le met hors ligne dans la demi-heure, est convoqué par l'administration de la faculté, et se fend de sa toute première lettre d'excuses publique : « Je ne voulais pas que les choses se passent comme ça, j'espère que vous le comprenez et je m'excuse des dégâts causés par ma négligence. Je ne pensais pas que le site serait populaire si vite, et qu'il aurait de telles conséquences. Je vois parfaitement comment mes intentions ont pu être mal perçues[52]. » Depuis ce péché originel, « Zuck » perpétue la tradition, jusqu'à l'apothéose du scandale Cambridge Analytica en 2018. « Pourquoi la tournée d'excuses de quatorze ans de Zuckerberg n'a pas réparé Facebook », titrait *Wired*

52. Katharine A. Kaplan, « Facemash Creator Survives Ad Board », *The Harvard Crimson*, 19 novembre 2003.

en avril 2018. Pourquoi ? Parce que ces excuses répétées, ritualisées, montrent à quel point elles ne l'engagent à rien, révélant seulement les entailles toujours plus nombreuses du réseau social dans le consentement de ses utilisateurs. Quand, en 2006, Facebook lance le *News Feed*, une fonctionnalité-panoptique qui permet à chacun de voir la moindre action de ses amis (tiens, Nicolas s'est mis en couple avec Jeanne), de nombreux utilisateurs protestent et s'organisent. Un groupe « Les étudiants contre le News Feed » va jusqu'à rassembler 700 000 personnes. Zuckerberg s'excuse, évidemment. La sociologue danah boyd, elle, s'interroge : « Les informations accessibles via le News Feed étaient-elles déjà disponibles pour les internautes ? Oui[53]. » C'est donc que le problème est ailleurs. Évoquant le « déraillement de la vie privée sur Facebook », elle élabore : « Le monde technologique a tendance à voir la chose privée comme une suite de 0 et de 1. Les données sont exposées ou ne le sont pas. [...] Pourtant, la vie privée n'est pas une affaire de 0 et de 1. C'est la façon dont les individus expérimentent leur relation aux autres et à l'information[54]. » Loin d'être un objet inanimé, c'est un contexte, une dynamique sociale, une transaction susceptible d'être ébranlée par des ajustements techniques et des reconfigurations architecturales. C'est aussi ce qui la rend aliénable. Si la vie privée – la *privacy* paramétrable dans l'univers

---

53. danah boyd, « Facebook's "Privacy Trainwreck" : Exposure, Invasion, and Drama », Apophenia Blog, 8 septembre 2006.

54. danah boyd, *op. cit.*

ouaté des plateformes – est une construction humaine, donc une norme, elle est structurellement vulnérable.

L'invention juridique de la vie privée

Consacrée comme un droit fondamental, la vie privée est un acquis libéral récent. En la matière, le droit français a devancé d'un bon siècle le droit américain. Dès 1791, alors que le droit de la presse n'existe pas encore, l'Assemblée constituante amende la Constitution pour protéger la dignité humaine : « Les calomnies et injures contre quelques personnes que ce soit relatives aux actions de leur vie privée, seront punies sur leur poursuite. » Le concept est alors relativement nouveau ; il sera consolidé dans les décennies suivantes. « Voilà donc la vie privée murée, et si je puis me servir de cette expression, elle est déclarée invisible, elle est renfermée dans l'intérieur des maisons », déclare par exemple l'académicien Pierre-Paul Royer-Collard, dans un discours prononcé en 1819[55]. De l'autre côté de l'Atlantique, la vie privée n'est forgée qu'en 1890 par deux juristes, Samuel Warren et Louis Brandeis. Dans un célèbre article, le binôme loue « le droit d'être laissé tranquille » *(« right to be let alone »)*, aussi vital « que le droit de ne pas être agressé, le droit de ne pas être emprisonné, le droit de ne pas être poursuivi à tort, le droit de

55. Jean-Louis Halpérin, « Protection de la vie privée et privacy : deux traditions juridiques différentes ? », *Nouveaux cahiers du Conseil constitutionnel*, n° 48, juin 2015.

ne pas être diffamé[56] ». Si elle n'a pas de valeur légale au moment où Warren et Brandeis l'énoncent, cette définition de la vie privée fera progressivement autorité au cours du XXe siècle. En 1928, alors que la juridiction doit statuer sur la légalité d'écoutes téléphoniques sauvages réalisées par des agents fédéraux[57], Brandeis, devenu juge à la Cour suprême, invoque *son* droit à la tranquillité, « le plus précieux des hommes civilisés », pour justifier le caractère odieusement intrusif d'un tel dispositif. Il n'obtient pas gain de cause, mais un demi-siècle plus tard, en 1967, Earl Warren, le président de la Cour suprême, s'empare de sa doctrine pour renverser la décision de 1928[58]. À l'époque, le FBI suit avec le plus grand intérêt les activités de Charles Katz, un célèbre handicapeur qui aide les bookmakers à établir les cotes des matchs de basket universitaire. Grâce à un micro discrètement placé – sans mandat – sur une cabine téléphonique près de son domicile de Los Angeles, les fédéraux peuvent écouter ses conversations. À sept contre un, la Cour estime qu'il s'agit d'une violation du quatrième amendement de la Constitution[59]. Brandeis n'est plus là pour le voir, mais sa définition de la vie privée est enfin sanctuarisée, gravée dans le marbre de la loi, après n'avoir été pendant près d'un siècle qu'une déclaration d'intention.

---

56. Samuel Warren et Louis Brandeis, « The Right to Privacy », *Harvard Law Review*, 15 décembre 1890.

57. Olmstead v. United States, 1928.

58. Katz v. United States, 1967.

59. Qui protège les citoyens contre les perquisitions abusives.

Aujourd'hui, la donne a changé. Il s'agit toujours de protéger les citoyens contre les écoutes illégales du gouvernement (l'affaire Snowden l'a rappelé), mais aussi de mettre sa subjectivité en sécurité face à l'intrusion du marché. Alors qu'il revendique pour soi le droit d'être laissé tranquille, au point d'acheter les quatre maisons entourant la sienne à Palo Alto, Mark Zuckerberg repousse – ou plutôt rétrécit – délibérément les frontières de la vie privée. Lors d'une intervention restée fameuse le 8 janvier 2010, le patron de Facebook assure avec certitude que « les gens désormais se disent satisfaits non seulement de partager plus d'informations et de différents types, mais de façon plus ouverte et avec plus de monde[60] ». Évoquant une « norme sociale qui a évolué au fil du temps », il remplace les préconisations de Brandeis par sa propre définition de la vie privée, amendable au gré des impératifs commerciaux. Autrement dit, une vie privée privatisée. Mais Zuckerberg n'est pas le seul hiérarque de la Silicon Valley à épouser cette vision dégradée de l'intimité. En 2009, Eric Schmidt, encore lui, est interrogé par une journaliste de CNBC, qui lui demande si Google peut être considéré comme un ami à qui on se confierait. Réputé très secret, le P-DG de Google offre une étrange réponse, présentant le secret comme le refuge des coupables : « Si vous faites quelque chose qui ne doit être su de personne, peut-être que vous ne devriez pas faire cette

60. Antonio Casilli, « Contre l'hypothèse de la "fin de la vie privée" », *Revue française des sciences de l'information et de la communication*, 2013.

chose[61]. » Dans sa bouche, l'argument est particulièrement hypocrite, tant l'entreprise qu'il dirige est devenue richissime en se repaissant des informations que l'on a consenti – ou non – à lui offrir. Alors qu'Ayn Rand, l'autrice fétiche des libertariens, postule que « la civilisation est un progrès vers une société de la vie privée[62] », ses lecteurs les plus assidus s'en remettent à un tribalisme discrétionnaire. En 2013, lors d'une réunion de la Federal Trade Commission, le gendarme américain de la concurrence, au sujet des objets connectés, Vint Cerf, l'un des pères fondateurs d'Internet, affirme que « la vie privée est une anomalie, un accident de la révolution industrielle » et qu'elle sera « de plus en plus difficile à protéger »[63]. Désormais évangéliste en chef de Google (c'est réellement son titre), Cerf s'empresse d'ajouter que « notre propre comportement est également dommageable à la vie privée ». Sans pousser le vice jusqu'à recenser chaque prise de parole sur le sujet, il est frappant de constater que tout l'état-major de Google serine cette certitude d'une érosion inévitable de la vie privée. Quand le Pew Research Center, l'un des principaux instituts de sondage américains, lui demande de décrire le monde en 2025, Hal Varian, l'économiste en chef de Google, dépeint un futur inéluctable :

61. *Inside The Mind of Google*, diffusé sur CNBC le 11 avril 2009.

62. Ayn Rand, *For The New Intellectual*, Penguin Random House, 1961.

63. Jacob Kastrenakes, « Google's chief internet evangelist says "privacy may actually be an anomaly" », The Verge, 20 novembre 2013.

> On ne peut pas remettre le génie dans sa lampe. La multiplication des capteurs, des bases de données et la capacité de calcul [des ordinateurs] affaibliront la vie privée telle qu'on la connaît, mais nous serons mieux protégés par l'établissement de normes et de régulations adéquates. D'ici 2025, le débat sur la vie privée semblera pittoresque et vieux jeu. Les bénéfices des assistants personnels seront si grands qu'il sera hors de question de restreindre leur utilisation. [...] Tout le monde s'attendra à être suivi et surveillé, puisque les avantages, en termes de confort, de services et de sécurité, seront immenses. Il y aura évidemment des limitations sur la façon d'utiliser les données, mais la surveillance permanente sera la norme[64].

La reddition est tristement logique : puisque la moindre de nos actions devient un signal convertible en capital, notre vie privée est pour ainsi dire le plateau d'argent sur lequel nous délivrons ces marchandises numériques. Que peut bien vouloir dire le proverbial respect de la vie privée quand le modèle économique des grandes plateformes repose exclusivement sur la prédation de nos miettes et l'investigation approfondie de nos poubelles ?

La privatisation de la vie privée

Dès lors, c'est le règne de la *« privacy as a service »*, sur le modèle des mutations logicielles du Web. C'est ça ou rien :

64. Lee Rainie et Janna Anderson, *The Future of Privacy*, Pew Research Center, 18 décembre 2014.

vos données ne sont plus stockées *chez vous*, mais chez quelqu'un d'autre, en l'espèce les serveurs d'une entreprise privée. Pour retrouver votre intimité, pour avoir le droit d'y pénétrer, vous devez alors vous connecter à tel ou tel service. Pour vous figurer ce système, imaginez que votre domicile est vidéosurveillé en permanence ; pour retrouver un peu de temps seul avec vous-même, un opérateur tiers (voire, dans certains cas, le fabricant de caméras) vous propose d'entreposer dans un box dont il assure la garde vos informations les plus précieuses, que vous pourrez consulter sur place ; de fait, vous gagnez en confort ce que vous perdez en contrôle : vous ne détenez plus la clé de votre solitude. Vendue comme un service, la vie privée permet une fois de plus de faire disparaître la friction. Ce qui peut avoir des avantages. Grâce à un gestionnaire de mots de passe, vous allez par exemple pouvoir suppléer votre mémoire défaillante par un ordinateur hypermnésique. Son patron Tim Cook parlant publiquement de « crise de la vie privée[65] », Apple se positionne sans surprise comme un acteur incontournable de ce marché de la tranquillité. Depuis 2016, la marque à la pomme veut s'imposer comme un champion de la sécurité des informations. Tout a commencé au moment où le FBI a demandé à l'entreprise de l'aider à déverrouiller l'iPhone du tueur de San Bernardino, Syed Rizwan Farook, responsable de la mort de quatorze personnes au cours d'une fusillade en décembre 2015.

65. C'est ce qu'il a déclaré dans une interview à la chaîne de télévision américaine ABC News en mai 2019.

S'appuyant sur un texte de 1789, le All Writs Act, qui oblige un tiers à collaborer avec les autorités, les fédéraux entendaient obliger Apple à déchiffrer les données de l'appareil. Contre toute attente, Cook conteste et prend salariés et clients à témoin : « Le gouvernement américain nous demande quelque chose que nous n'avons pas, quelque chose que nous trouvons dangereux de créer. [...] le gouvernement demande à Apple de pirater ses propres utilisateurs et de mettre en péril des décennies de protection contre des hackers et des cybercriminels. Les mêmes ingénieurs qui ont mis au point le chiffrement de l'iPhone devraient, ironiquement, être obligés d'affaiblir ces protections au détriment de nos utilisateurs[66]. » Face à ce refus poli, mais borné, le Département de la justice dépose un recours, fustigeant l'hypocrisie d'une entreprise « inquiète pour son modèle économique et sa stratégie marketing[67] ». Mais Apple s'entête, et dans un email adressé à l'ensemble de ses employés, il met en garde les autorités contre « un dangereux précédent qui menace les libertés individuelles de chacun[68] ». Cette passe d'armes pose une question cornélienne : qui d'Apple ou du FBI doit être le garant de la vie privée des citoyens ? Et qui a raison ? Tentant de jouer les pacificateurs, le directeur du FBI, James Comey, estime que la tension permanente entre vie privée et sécurité « ne devrait pas être résolue par des entreprises qui vivent de la

66. Tim Cook, *A Message to Our Customers*, 16 février 2016.

67. Nick Statt, « Justice Department says Apple's defense of encryption is just a marketing stunt », The Verge, 19 février 2016.

68. Email du 22 février 2016.

vente de produits », mais pas non plus par le FBI, « qui vit de ses enquêtes[69] ». On pourrait alors repenser aux 0 et aux 1 de danah boyd au moment de décrire toute la complexité de la vie privée : dans ce cas précis, le consensus est matériellement impossible. Ou le FBI renonce, ou Apple cède. Finalement, l'agence contournera l'obstacle en se payant les services de Cellebrite, une entreprise israélienne spécialisée dans l'intrusion informatique. Mais désormais, la firme de Cupertino entend bien ne pas lâcher ce nouveau statut de garant des libertés publiques. Depuis l'entrée en vigueur du nouveau règlement européen sur la protection des données (RGPD), en mai 2018, Tim Cook ne cesse de réclamer une législation équivalente aux États-Unis. Sous ce régime, toutes les entreprises administrant des données doivent recueillir le consentement explicite de leurs utilisateurs, garantir une portabilité de leurs données d'un service à un autre, et proposer des règles d'utilisation claires et concises.

Et c'est ici que le bât blesse. Qui ici a déjà lu les conditions générales d'utilisation de Google, de Facebook ou de n'importe quelle application disponible au téléchargement ? Qui, au lieu de s'esquinter les yeux à dérouler ce charabia incompréhensible, n'a pas préféré cocher la case tout au bout du formulaire, offrant à l'aveugle son consentement fatigué ? Comme pour les notices des médicaments, personne ou presque ne s'embarrasse à décoder

---

69. James Comey, « We Could Not Look the Survivors in the Eye if We Did Not Follow this Lead », Lawfare Blog, 21 février 2016.

les minuscules caractères de l'accord piégé que nous proposent des services plus ou moins bien intentionnés. Si un contrat est toujours l'aboutissement d'une négociation qui satisfait les deux parties, celui proposé par les officines du capitalisme de surveillance relève de l'imposition la coercition pure et simple. Comme le formule la professeure en droit Margaret Radin, les signataires distraits, sous-informés, convaincus qu'ils n'auront de toute façon jamais besoin de faire valoir leurs droits, « doivent entrer dans l'univers légal qu'elle a conçu[70] », substituant la contrainte au choix. Prenez FaceApp. À l'été 2019, cette application russe, qui permet de rajeunir ou de vieillir artificiellement son visage, est téléchargée par 13 millions de personnes en une semaine. Mais la démarche ludique de ce gadget mute rapidement en panique morale. Sur Twitter, des avocats mettent en garde les curieux contre ses conditions d'utilisation invasives : « Vous donnez à FaceApp l'autorisation perpétuelle, irrévocable, mondiale, d'utiliser, reproduire, modifier, adapter, publier, distribuer ou exploiter à des fins commerciales votre contenu. » Vue sous l'angle de la nouveauté et de l'exotisme (la manipulation russe est à la mode), l'application devient un repoussoir médiatique, un maléfice voleur de visages. Pourtant, à y regarder de près, le contrat qu'elle propose n'est rien d'autre qu'un copier-coller des conditions d'utilisation de... Facebook. Jugez plutôt : « Lorsque vous partagez, publiez ou importez du

70. Margaret Radin, *Boilerplate, The Fine Print, Vanishing Rights and the Rule of Law*, Princeton University Press, 2013.

contenu protégé par des droits de propriété intellectuelle sur ou en rapport avec nos produits, vous nous accordez une licence non exclusive, transférable, sous-licenciable, gratuite et mondiale pour héberger, utiliser, distribuer, modifier, exécuter, copier, représenter publiquement ou afficher publiquement, traduire et créer des œuvres dérivées de votre contenu. » Vous souvenez-vous avoir relevé ce passage au moment de créer votre compte sur le réseau social ? Moi non plus. *Ipso facto*, notre vie privée n'est plus qu'un sujet de spéculation commerciale discrétionnaire. Dépouillée de son universalisme légal, elle est concassée, ventilée dans une ribambelle de CGU qui condamnent l'exercice de l'intimité à une vague négociation individuelle, lors de laquelle le rapport de force est scandaleusement déséquilibré. Il suffit d'observer la première année de l'application du Règlement européen sur les données personnelles pour s'en rendre compte : vous ne voulez pas jouer selon nos règles ? Quittez ce site ! Il en faut de l'énergie pour se battre à armes égales avec les plateformes. À cet égard, Max Schrems fait figure d'exception. Depuis près de dix ans, cet Autrichien d'une trentaine d'années a décidé de pourrir la vie de Mark Zuckerberg. En 2011, alors que l'étudiant passe un semestre à l'université de Santa Clara, en Californie, il réclame une copie de ses données à Facebook. Il reçoit 1222 pages sur un CD, et s'aperçoit que celui-ci contient nombre d'informations qu'il avait supprimées[71].

71. Amaelle Guiton, « Max Schrems : l'étudiant qui a ajouté Facebook en ennemi », *Libération*, 14 février 2017.

Il réalise alors que l'entreprise californienne viole le Safe Harbor (refuge sécurisé), le *gentleman's agreement* qui encadre à l'époque le transfert de données de 500 millions d'Européens vers les États-Unis. Déterminé, Schrems met sur pied un collectif qui laisse présager une intense bataille dans les prétoires – Europe versus Facebook – et dépose plusieurs réclamations en Irlande, où se situe le siège européen du réseau social. Alors que sa procédure fait du surplace, il profite de l'appel d'air créé par l'affaire Snowden en 2013 pour déposer de nouveaux recours, arguant que les données collectées par les entreprises américaines terminent entre les mains des services de renseignement. Cette fois-ci, l'effet est radical : deux ans plus tard, la Cour de justice de l'Union européenne invalide le Safe Harbor, qui sera remplacé par un accord du même tonneau, baptisé Privacy Shield (bouclier de la vie privée) quelques mois plus tard. Depuis, Schrems le thésard vit au rythme de ses rebondissements judiciaires et de ses victoires à la Pyrrhus, usé d'être l'arbre persévérant qui cache le néant. En attendant, peut-être, un jour, des recours collectifs spectaculaires de millions d'utilisateurs, comme l'ont fait les clients de Volkswagen, dupés sur la pollution de leurs véhicules par le constructeur allemand.

IV

Se recomposer

Sortir d'Orwell, embrasser la technocritique

Comment critiquer son milieu ?

Agents de la dépossession, anesthésiants puissants, les dispositifs du contrôle nous condamnent à élaborer des stratagèmes solitaires, à négocier au cas par cas des marges de manœuvre et des accommodements raisonnables, qu'il s'agisse de conditions générales d'utilisation à approuver ou de paramètres à ajuster. Devant cet échec programmé, nous cherchons dans notre environnement culturel – fait de signes de ralliement et de codes partagés – des clés pour éclairer le présent. Puisque nous sommes impuissants individuellement, comment penser ensemble la mutinerie ? Peut-être serait-il judicieux de commencer par se défaire d'une représentation encombrante qui organise, depuis fort longtemps, notre représentation collective de la surveillance. 1946 : sur l'île écossaise de Jura, 200 habitants et 5 000 cerfs battus par les vents, un George Orwell tuberculeux et mourant s'attaque à ce qui deviendra sa contribution à l'Histoire ainsi que la grille de lecture universelle de la surveillance totalitaire : *1984*. Dès la première page surgit Big Brother, cette figure totémique qui n'a depuis jamais cessé de surplomber le débat public :

> Son appartement était au septième. Winston, qui avait trente-neuf ans et souffrait d'un ulcère variqueux au-dessus de la cheville droite, montait lentement. Il s'arrêta plusieurs fois en chemin pour se reposer. À chaque palier, sur une affiche collée au mur, face à la cage de l'ascenseur, l'énorme visage vous fixait du regard. C'était un de ces portraits arrangés de telle sorte que les yeux semblent suivre celui qui passe. Une légende, sous le portrait, disait : BIG BROTHER VOUS REGARDE[1].

« Infaillible et tout-puissant », il s'insinue partout via le télécran, qui sert autant à abreuver la populace de messages de propagande qu'à l'écouter au bénéfice de la Police de la Pensée. Personnalité sans corps vénérée, Big Brother siège au sommet du Parti en même temps qu'il investit « tous les carrefours importants ». Satire swiftienne, plaidoyer pacifiste (Big Brother emprunte son épaisse moustache à lord Kitchener, le ministre de la Guerre encourageant les volontaires à s'enrôler en 1914), mise en garde rationnelle contre l'inévitable despotisme de la civilisation nucléaire – cette « division du monde entre deux

---

1. George Orwell, *1984*, Secker & Warburg, 1949.

ou trois grands super-États, incapables de se dominer mutuellement et impossibles à renverser par des révoltes internes[2] » – le livre est accueilli à sa sortie comme le grand roman du futur proche. C'est même bien plus que ça. « *1984* est au XXe siècle ce que *Le Léviathan* de Thomas Hobbes fut au XVIIe siècle », jugera son biographe Bernard Crick, vantant « un chef-d'œuvre de spéculation politique[3] ». Ironie du sort : Orwell en finalise la publication depuis une institution disciplinaire purement foucaldienne : l'hôpital, où il a pu se marier juste avant de mourir, dans la nuit du 21 janvier 1950. Il ne s'agit pas ici de nier l'apport incontestable – et immense – de *1984* à la littérature et à la perception du danger qui nous guette. Mais dès lors qu'il s'agit de porter un discours critique des sociétés de contrôle, il faut bien constater l'existence d'une éreintante pollution orwellienne[4], qui opère par simplification en pensant le pouvoir, mais pas la machine qui le motorise. Osons le dire : *1984* n'est pas une œuvre technocritique, et s'il existe une novlangue, c'est bien celle-ci. C'est un grand livre sur le totalitarisme mais il éclaire peu les préoccupations légitimes du citoyen occidental du XXIe siècle, dans la mesure où l'imposition de la surveillance n'est précisément pas, sous nos latitudes, totalitaire. Depuis plus d'un demi-siècle, on croise Big Brother à chaque coin de rue, derrière chaque caméra trop curieuse, sous le moindre dispositif

2. George Orwell, « Toward European Unity », *Partisan Review*, 1947.
3. Bernard Crick, *George Orwell : une vie*, Balland, 1980.
4. Du reste, le mot « surveillance » n'y apparaît que deux fois.

caché, comme si le vocabulaire se rétrécissait dans le même geste oppressant que l'espace public. Vous connaissez sans doute le point Godwin, cette *reductio ad hitlerum* qui consiste à disqualifier son interlocuteur en invoquant le nazisme ; il faut aussi compter avec le point Orwell, inévitable cul-de-sac rhétorique de la surveillance. Branché en permanence sur les soubresauts de l'opinion publique, *1984* voit ses ventes bondir sur Amazon quand Snowden révèle les secrets de la NSA. C'est devenu un objet mou, un repoussoir factice, au point qu'en plein état d'urgence, la promotion 2016 de l'ENA a pris le nom de… George Orwell.

Maintenant que les trajectoires de nos vies ressemblent à un épisode sans fin de *Black Mirror*, il y a urgence à forger une nouvelle grammaire afin de mieux appréhender ce qui nous arrive. Tordant la fameuse formule de Camus, on pourrait avancer que mieux nommer les choses permet de soulager le malheur du monde. La tâche n'est pas facile : peut-on encore critiquer la technologie quand on baigne dedans ? Est-il possible de desserrer l'étreinte du contrôle quand les oracles de la Silicon Valley nous promettent l'homme augmenté à l'horizon 2050, que les décideurs politiques nous inondent d'innovation et que les entrepreneurs en série n'ont de foi qu'en une proverbiale disruption ? La technique rend libre, chantent-ils en chœur. Mais libres de quoi ? Cet optimisme forcené, déployé depuis deux siècles, semble jeter l'opprobre sur tous les sceptiques, dépeints comme d'effroyables réactionnaires. « Rien ne discrédite aujourd'hui plus promptement un homme que d'être soupçonné de critiquer les machines », diagnostiquait déjà le penseur allemand Günther Anders en 1956[5]. C'est précisément pour contrecarrer ce profilage intellectuel qu'il me semble aujourd'hui nécessaire de ramener dans la lumière ce que l'on a appelé la pensée technocritique. Parce que si l'on entend contester la surveillance contemporaine, nous l'avons vu au fil de ce livre, il convient d'en apprivoiser les techniques. Quand il forge le mot en 1975, le polytechnicien, ingénieur et philosophe Jean-Pierre Dupuy, proche d'Ivan Illich, vient de lancer une collection éponyme aux éditions du Seuil. L'électronique s'introduit massivement dans les foyers, et les premières luttes anti-nucléaires s'organisent. En France, en 1971, des milliers de personnes marchent sur les centrales de Fessenheim et du Bugey. C'est « un intense moment technocritique », tel que le formule l'historien François Jarrige[6], intimement lié à l'émergence de l'écologie politique, qui entend repenser les rapports entre l'homme et son environnement. À l'époque, cette grille de lecture n'envisage pas encore la société de surveillance, mais développe déjà des modes opératoires pour envisager la lutte contre l'immanence technologique. Au début du XIXe siècle, quand la technique cesse d'être un savoir-faire pour devenir une idéologie synonyme de progrès, émergent les premières contestations violentes contre la mécanisation des moyens de production. Entre 1811 et 1812, les tondeurs

5. Günther Anders, *L'Obsolescence de l'homme*, Éditions Ivrea, 1956.

6. François Jarrige, *Technocritiques : du refus des machines à la contestation des technosciences*, La Découverte, 2014.

et tricoteurs des Midlands britanniques, employés aux fabriques, protestent contre l'introduction des métiers à tisser en les détruisant. Ce premier acte de sédition passera définitivement à la postérité en devenant le raccourci sémantique de l'action directe technologique : le luddisme, tel que le qualifie en 1963 Edward Thompson, le grand historien des classes ouvrières, du nom de Ned Ludd, figure légendaire et fantasmatique du mouvement, sorte d'anti-Stakhanov de la destruction[7]. Ces échauffourées séminales contaminent l'Europe, et notamment la France de la Restauration en 1819[8], mais il faut attendre le milieu du siècle pour que des intellectuels pensent l'automatisation. En 1846, dans *Le Peuple*, Michelet est le premier à évoquer le *machinisme*, « qui a agrandi la vie moderne [...], mais [qui] ne s'applique guère aux choses de l'esprit », s'inquiétant de voir la France devenir une autre Angleterre[9]. De l'autre côté de la Manche, la technique a déjà acquis une ferveur toute religieuse : à sa mort en 1819, James Watt, l'ingénieur écossais dont les machines à vapeur ont été cruciales pour la révolution industrielle, est honoré par une statue colossale installée dans une chapelle de l'abbaye de Westminster. L'hommage est tellement imposant que plusieurs tombes médiévales sont endommagées lors de

---

7. Edward Thompson, *La Formation de la classe ouvrière anglaise*, Gallimard/Seuil, 1988.

8. Contrairement aux idées reçues, la révolte des Canuts à Lyon en 1831, 1834 et 1848 n'est pas lié à la mécanisation du travail (même s'ils s'en sont pris aux métiers Jacquard), mais à la politique salariale imposée aux ouvriers textiles.

9. Jules Michelet, *Le Peuple*, 1846.

son installation. Si les curés ne bénissent plus les usines, cette mystique nous poursuit encore aujourd'hui. Il suffit pour s'en convaincre d'observer la liturgie des rites de l'économie numériques, des *keynotes* organisées par Apple pour présenter ses nouveaux produits à la profusion de *chief evangelist officers* chez les start-up bourgeonnantes. Comme l'écrivait avec lucidité et prémonition Ellul dans les années 1970, « ce n'est pas la technique qui nous asservit, mais le sacré transféré à la technique[10] ».

À ceux qui voudraient absolument s'accrocher au vénérable talisman orwellien, on rappellera qu'il a livré en 1937 un authentique texte technocritique, d'autant plus précieux qu'il s'agit de choses vues, solidement ancrées dans la réalité. Dans *Le Quai de Wigan*, une immersion chez les mineurs du nord de l'Angleterre, il juge sévèrement la complaisance du socialisme vis-à-vis de la mécanisation, ce projet de société où rien ne saurait aller de travers :

> Seule notre époque, l'époque de la mécanisation triomphante, nous permet d'éprouver réellement la pente naturelle de la machine, qui consiste à rendre impossible toute vie humaine authentique. On aurait sans doute du mal à trouver un être doué de pensée et de sensibilité qui ne se soit dit un jour ou l'autre, à la vue d'une chaise en tubes, que la machine est l'ennemie de la vie. [...] Des machines pour nous épargner de la peine, des machines pour nous épargner des efforts de pensée, des machines pour nous

10. Jacques Ellul, *Les Nouveaux Possédés*, Fayard, 1973.

> épargner de la souffrance, pour gagner en hygiène, en efficacité, en organisation – toujours plus d'hygiène, toujours plus d'efficacité, toujours plus d'organisation, toujours plus de machines, jusqu'à ce que nous débouchions sur cette utopie wellsienne qui nous est devenue familière et qu'a si justement épinglée Huxley dans *Le Meilleur des mondes*, le paradis des petits hommes grassouillets[11].

Poursuivant son observation critique, Orwell semble anticiper les développements qui nous occupent en 2020, postulant ainsi que « la finalité ultime du progrès mécanique est d'aboutir à un monde entièrement automatisé – c'est-à-dire, peut-être, un monde peuplé d'automates[12] ». S'il fixe pour horizon mortifère « l'utopie wellsienne », c'est plutôt de Lewis Mumford qu'il faudrait rapprocher le romancier britannique[13]. Dans son premier ouvrage, une histoire des utopies publiée en 1922, le jeune historien passe en revue une dizaine de lignes de fuite, de *La République* de Platon à *Une utopie moderne* de Wells, avant de s'intéresser aux « mythes sociaux » qui charpentent une société et colonisent son imaginaire. « Le monde intérieur des hommes a changé au point de désintégrer le monde physique comme sous l'effet de la puissance fulgurante du

11. George Orwell, *Le Quai de Wigan*, Éditions Ivrea, 1981.

12. *Ibid.*

13. De l'historien américain, on retient surtout *Technique et civilisation* (1934) et *Le Mythe de la machine* (deux tomes en 1967 et 1970), deux contributions majeures au corpus technocritique contemporain.

radium[14] », écrit-il pour introduire les trois grands *idola* (du latin *idolum*, « spectre ») de son époque : la maison de campagne, Coketown (une ville charbonneuse inspirée des *Temps difficiles* de Dickens) et la mégalopole. Le premier, lieu de privilégiés, temple « de la possession et du plaisir passif [...] ne se soucie aucunement du bonheur de toute la communauté, seule lui importe la félicité de ceux qui la gouvernent » ; le deuxième, persuadé « que son utilité est sans limites » est « la quintessence de l'ère industrielle où le travail se résume à assister la machine » ; le troisième a pour « but ultime de conduire la vie humaine à travers la paperasse[15] ». Reliées entre elles par une membrane qui les tient ensemble – l'État-nation, la bureaucratie –, ces utopies, poursuit Mumford, sont « inattaquables », légitimées dès l'école. Elles préfigurent d'ailleurs nos *idola* machinistes d'aujourd'hui : la ville en réseau ou la maison connectée, agissant comme une muqueuse universelle. Très inspiré par le phalanstère de Charles Fourier[16], Mumford plaide pour des utopies partisanes et des communautés authentiques capables de changer l'ordre économique. « Notre tâche la plus importante en ce moment est de construire des châteaux en Espagne », conclut-il,

14. Lewis Mumford, *The Story of Utopias*, Kessinger Publishing, 2003 (première édition 1922).

15. *Ibid.*

16. Élaboré au milieu du XIXe siècle, ce projet de société communautaire et équitable s'articule autour d'un immense bâtiment (du grec *phalanx*, « formation militaire rectangulaire », et *stereos*, « solide »), qui peut accueillir jusqu'à 2 000 sociétaires. Marx et Engels y voyaient « une organisation élucubrée de la société ».

pétri d'optimisme. Cet idéalisme autarcique et renégat irriguera longtemps les utopistes numériques de toutes les obédiences.

En 1991, le théoricien américain Hakim Bey échafaudera une stratégie d'évasion similaire, à l'heure d'Internet. Dans un texte librement accessible, il met au point le concept de « zone autonome temporaire » (ZAT), un lieu délibérément non défini, qui propose de rassembler dans des lieux virtuels celles et ceux qui veulent s'affranchir des règles de la société. Chantre de la décentralisation, d'obédience pirate, Peter Lamborn Wilson (de son vrai nom) oppose au Web naissant le « contre-Net », son usage « clandestin, illégal et rebelle[17] ». Dans ce contexte, écrit-il, la ZAT est « une insurrection sans engagement direct contre l'État, une opération de guérilla qui libère une zone (de terrain, de temps, d'imagination) puis se dissout, avant que l'État ne l'écrase, pour se reformer ailleurs dans le temps ou l'espace[18] ». Elle met en œuvre la devise de Bruce Lee, aujourd'hui reprise par les manifestants hongkongais : « Soyez comme l'eau », fluide et indomptable. Si aujourd'hui cet appel à la désobéissance n'est pas sans évoquer les ZAD, ces « zones à défendre » qui fleurissent sur notre territoire, de Notre-Dame-des-Landes (contre un projet d'aéroport) à Bure (contre un site d'enfouissement de déchets nucléaires), il sanctuarise Internet, lieu réfractaire au pouvoir. Alors que le réseau des réseaux n'en est qu'à ses balbutiements

---

17. Hakim Bey, *Zone autonome temporaire*, Éditions de l'Éclat, 1997.
18. *Ibid.*

commerciaux, ils sont nombreux à y voir un espace créatif et résistant, une utopie pour ainsi dire réalisée, où règnent le partage et les échanges non marchands[19].

Maintenant que les nouveaux outils de la surveillance dévorent notre inconscient collectif et déploient autour de nous un barbelé invisible, nous verrons qu'il existe toute une panoplie de gestes pour disparaître de la carte. Ils sont d'autant plus nombreux qu'il est devenu matériellement impossible de s'affranchir du territoire, de plus en plus dystopique et de moins en moins respirable. Dans sa *contre-histoire d'Internet*, le sociologue et militant Félix Tréguer, membre fondateur de la Quadrature du Net, la principale association française de défense des libertés numériques, fait l'autopsie méthodique d'une défaite, d'une « utopie déchue », celle des tentatives d'émancipation sociale matées par le régime sécuritaire qu'a consolidé l'hybridation public-privé. Sa conclusion résonne alors comme l'injonction vitale à penser une vocation mécanicienne, afin de soulever le capot pour révéler le moteur encore fumant : « Si le point que l'on distingue à l'horizon n'est que le néant de la dystopie, alors ce dont nous avons

19. S'il fallait le délimiter par des textes fondateurs, cet état de grâce prendrait fin en 1996 avec la Déclaration d'indépendance du cyberespace du poète John Perry Barlow. Réagissant à la réforme américaine des télécommunications qui ouvre Internet au marché, il prend la plume depuis le Forum économique de Davos : « Gouvernements du monde industriel, géants fatigués de chair et d'acier, je viens du cyberespace, nouvelle demeure de l'esprit. Au nom de l'avenir, je vous demande, à vous qui êtes du passé, de nous laisser tranquilles. Vous n'êtes pas les bienvenus parmi nous. Vous n'avez aucun droit de souveraineté sur nos lieux de rencontre. »

besoin, ce n'est pas d'un patch logiciel, d'un bricolage juridique, ni même d'un peu d'éthique. Ce qu'il nous faut d'abord et avant tout, c'est arrêter la machine[20]. » Moins qu'un hymne à la lenteur, cette consigne dit la nécessité de rééquilibrer – avec nos maigres moyens – le rapport de force avec la superstructure numérique. Le défi est immense. Alors que la pensée technocritique, forte de son ancrage historique dans les classes populaires, a permis pendant près de deux siècles de penser des actions collectives comme autant d'utopies momentanées, on peut légitimement redouter l'effet léthargique d'une économie de la surveillance atomisée. Dans les années 1980, les clavistes de *Nice-Matin* se mettaient encore en grève pour protester contre le contrôle informatique des rendements (1980), tout comme les dactylocodeuses de l'Insee s'opposant au travail sur écran (1981)[21]. Qui aujourd'hui cesserait le travail pour récuser la souscription de son entreprise au sacro-saint Big Data ?

Un micro-luddisme californien

La question se pose particulièrement dans l'écosystème de la Silicon Valley, capitale idéologique du monde en réseau. On y relève l'apparition de poches de résistance timides, mais multiples, qui tendent à démontrer que le

20. Félix Tréguer, *L'Utopie déchue : une contre-histoire d'Internet*, XVe-XXIe siècle, Fayard, 2019.

21. François Jarrige, *op. cit.*

discours technocritique peut être porté jusqu'à l'intérieur des cathédrales de la surveillance. En mars 2018, la presse américaine révèle que Google aide le Pentagone à entraîner l'intelligence artificielle de ses drones chasseurs-tueurs afin de mieux analyser les images collectées au sol en vue d'une automatisation. Nom de code : projet Maven[22]. Chez les salariés, la découverte de cette initiative fait l'effet d'une déflagration. Ils ne sont pas sans savoir que l'armée américaine fait aveuglément confiance au renseignement technique glané de très loin et de très haut par les drones Predator et Reaper, qui quadrillent le ciel pakistanais ou yéménite. Google jure que cette coopération ne fait aucune victime, mais la communication de crise patine. Elle ne colle ni avec son ancien slogan (*« Don't be evil »*, « Ne soyez pas malveillants ») ni avec le nouveau (*« Do the right thing »*, « Faites ce qui est juste »). Un mois plus tard, plus de 3 000 employés, dont plusieurs dizaines d'ingénieurs chevronnés, écrivent à leur patron, Sundar Pichai :

> Cher Sundar,
>
> Nous pensons que Google ne devrait pas intervenir dans le secteur militaire. Nous demandons l'abandon du projet Maven ainsi que la publication de règles très claires garantissant que ni Google ni ses filiales ne fabriqueront jamais de technologies militaires. [...] Notre

22. Dell Cameron et Kate Conger, « Google is Helping the Pentagon Build AI for Drones », Gizmodo, 6 mars 2018.

travail, notre expertise et nos vies ne seront pas mis au service de la destruction[23].

Une douzaine d'entre eux, plus radicaux, démissionnent, et pour sortir de la crise, Google préfère arrêter les frais pendant l'été. Le programme ne sera pas reconduit à son expiration en 2019. Le *New York Times* parle d'une véritable « crise d'identité » jusqu'au sommet de la pyramide, où des haut gradés « essaient de réconcilier des scientifiques aux objections morales profondes et des commerciaux salivant devant des contrats liés à la Défense[24] ». Dans un email, Fei-Fei Li, chef du laboratoire d'intelligence artificielle de Stanford et éminence de Google Cloud, essaie de déminer le terrain, en exhortant ses collègues à taire la collaboration avec le Pentagone : « Évitez à tout prix de parler des implications de l'intelligence artificielle. L'intelligence artificielle militaire est probablement le sujet le plus sensible du secteur. C'est du pain bénit pour les médias qui voudraient causer du tort à Google. » Après les lois de la robotique d'Asimov, les règles de l'intelligence artificielle selon Sundar Pichai : le 7 juin, dans un billet de blog, le P-DG de Google s'engage à ne jamais barboter dans les eaux troubles de la surveillance et de l'armement. « Nous ne développerons pas d'intelligences

23. *We work for Google. Our employer shouldn't be in the business of war*, lettre ouverte du 5 avril 2018.

24. Scott Shane, Cade Metz et Daisuke Wakabayashi, « How a Pentagon Contract Became an Identity Crisis for Google », *New York Times*, 30 mai 2018.

artificielles susceptibles de menacer l'intégrité physique des personnes », écrit-il sans abjurer sa foi dans le progrès que représente cette technologie[25]. Le projet Maven, lui, a trouvé un nouveau partenaire. Anduril, une société fondée par le jeune milliardaire outrageusement pro-Trump Palmer Luckey, fondateur d'Oculus, a emporté la mise. Outre ce contrat, Anduril, qui tire son nom du *Seigneur des Anneaux*, comme Palantir, travaille également sur un projet de mur virtuel à la frontière mexicaine, fait de capteurs et de miradors intelligents[26] et plaide pour une coopération naturelle entre les entreprises technologiques et l'armée.

À peine la poussière était-elle retombée chez Google que c'était au tour d'Amazon de vivre une expérience similaire. À l'été 2018, dans une lettre adressée à Jeff Bezos, des centaines de salariés, rassemblés sous le pavillon *« We won't build it »* (« Nous ne fabriquerons pas ça »), réclament l'abandon de Rekognition, le logiciel de reconnaissance faciale maison, lancé en 2016 et vendu aux forces de l'ordre américaines : « Notre entreprise ne devrait pas investir le secteur de la surveillance ; nous ne devrions pas être dans le secteur de la police ; nous ne devrions pas soutenir ceux qui

25. Sundar Pichai, *AI at Google : Our principles*, blog de Google, 7 juin 2018.

26. Anduril et Palantir partagent un autre point commun : Peter Thiel, l'argentier conservateur de la Silicon Valley, cofondateur de la deuxième, finance également la première par le biais de son fonds d'investissement Founders Fund.

épient et oppriment les populations marginalisées[27]. » On pourra objecter que la collecte routinière de nos données personnelles n'a jamais semblé déranger qui que ce soit au sein de ces firmes. Si l'on repense aux inquiétudes formulées par Orwell dans *Le Quai de Wigan*, on peut observer une filiation : aux socialistes machinistes d'hier ont succédé les libéraux technophiles. Mais ces interpellations, aussi tardives soient-elles, sont loin d'être anodines. Au sein de sociétés dépourvues de représentation syndicale, elles constituent le seul levier pour peser dans la négociation avec une hiérarchie qui avance à marche forcée. Pour mettre en scène leur fausse transparence, les têtes de pont du capitalisme numérique ont depuis longtemps dégagé des espaces de délibération factices, dans des raouts informels, des séances de questions-réponses hebdomadaires, mensuelles, annuelles, à l'occasion desquels n'importe quel employé, quel que soit son rang, peut interpeller le grand patron. Parmi les mots de l'année 2018, le *Financial Times* a retenu *techlash*, contraction de *technology* et de *backlash* (contrecoup), le définissant ainsi : « L'animosité croissante de l'opinion publique envers les plateformes de la Silicon Valley et leurs équivalents chinois[28]. » Mais nous le voyons bien, cette manifestation technocritique est aussi portée derrière les épaisses parois vitrées de l'industrie technologique. Outre Rekognition, les salariés

27. Ali Ireland, « Amazon employees protest sale of facial recognition tech to law enforcement », The Hill, 21 juin 2018.

28. Rana Foroohar, « Year in a word : Techlash », *Financial Times*, 16 décembre 2018.

d'Amazon ont dans le viseur la coopération effective de leur société avec l'ICE (United States Immigration and Customs Enforcement), la police de l'immigration chargée de traquer les sans-papiers. Pour respecter les quotas fixés par le locataire de la Maison-Blanche, l'administration s'appuie sur un vaste réseau d'entreprises « innovantes ». Elles se nomment Giant Oak, Vigilant Solutions ou Telmate. Mais aussi Palantir, Amazon ou Microsoft. Certaines promettent de passer les réseaux sociaux au crible pour identifier une cible potentielle. D'autres – notamment les deux dernières – mettent en place l'infrastructure nécessaire à cette chasse à l'homme très technologique[29]. Aux États-Unis, les états d'âme des travailleurs du secteur quant à leur rôle dans la politique migratoire de Trump dessinent pour la première fois la perspective d'une masse critique. Dans le courrier adressé à leur patron, Satya Nadella, les salariés de Microsoft indiquent ainsi « faire partie d'un mouvement émergent », composé d'individus inquiets et « conscients de la lourde responsabilité de ceux qui créent des technologies puissantes, afin que celles-ci soient utilisées pour faire le bien[30] ». Et tandis que la vaste communauté des développeurs informatiques s'interroge sur l'opportunité d'un serment d'Hippocrate des

29. McKenzie Funk, « How ICE Picks Its Targets in the Surveillance Age », *New York Times Magazine*, 2 octobre 2019.

30. Sheera Frankel, « Microsoft Employees Protest Work With ICE, as Tech Industry Mobilizes Over Immigration », *New York Times*, 19 juin 2018.

programmeurs d'algorithmes[31], certains de ses membres n'hésitent plus à se livrer à des actions qu'on qualifiera volontiers de micro-luddites. C'est par exemple le cas de Seth Vargo, qui a choisi d'effacer son code informatique lorsqu'il a réalisé que celui-ci était utilisé par la police de l'immigration[32]. Symbole de cette prise de conscience éthique, l'AI Now Institute, un centre de recherche interdisciplinaire rattaché à l'université de New York, a été fondé en 2017 à l'initiative de deux femmes, Kate Crawford et Meredith Whittaker, pour réfléchir aux conséquences sociales de l'intelligence artificielle en matière de libertés, d'automation du travail et de biais discriminatoires. Après treize ans passés chez Google, Whittaker illustre mieux que quiconque la fibre désobéissante qui semble se propager au cœur même des plateformes. En novembre 2018, elle a été l'une des meneuses de *walkouts* médiatisés, convainquant 20 000 de ses collègues, d'Hyderabad à Zurich, de quitter leur lieu de travail afin de protester contre une culture d'entreprise toxique qui néglige le harcèlement sexuel[33]. Sans être une lanceuse d'alerte au sens strict du terme, l'ingénieure a dû faire face aux représailles de son employeur, peu rompu aux vertus du dialogue social. Dans un billet de blog expliquant sa démission, Whittaker dénonce « le

31. Klint Finley, « An Open Source License That Requires Users to Do No Harm », *Wired*, 4 octobre 2019.

32. Joseph Cox, « "Everyone Should Have a Moral Code" Says Developer Who Deleted Code Sold to ICE », Motherboard, 20 septembre 2019.

33. Mar Hicks, The Long History Behind the Google Walkout, The Verge, 9 novembre 2018.

pouvoir non contrôlé» d'une entreprise obsédée par le profit, qui «change profondément notre monde, en accélérant l'extraction d'énergies fossiles et en déployant des technologies de surveillance[34]». S'ils ne peuvent suffire à remettre en cause l'hégémonie ou le pouvoir des plateformes, ces petits actes de résistance permettent de placer les dispositifs qui nous entourent dans leur époque et dans leur Histoire. Et s'ils ne dessinent pas encore les contours d'une utopie désirable qui, par définition, ne se situe *nulle part*[35], au moins portent-ils le discours *quelque part*: au cœur de la machine. Du reste, ils permettent de révéler le vrai visage des grandes chapelles numériques qui, en plus de s'hybrider avec le secteur public, vont maintenant jusqu'à singer ses rituels: plus ses salariés tentent de s'organiser et de prendre la parole publiquement, plus Google se comporte comme un service de renseignement retors, mobilisant d'anciens agents du FBI pour intimider les lanceurs d'alerte potentiels et invoquant un «besoin d'en connaître» d'ordinaire réservé à l'univers des espions[36].

34. Meredith Whittaker, «Onward! Another #GoogleWalkout Goodbye», Medium, 16 juillet 2019.

35. Le mot «utopie», forgé par Thomas More dans son ouvrage éponyme en 1516, dérive du grec *ou-topos*, «en aucun lieu».

36. Corinne Lesnes, «"Un combat pour notre monde": chez Google, la contestation interne s'étend», *Le Monde*, 26 novembre 2019.

Les petits gestes suffiront-ils ?

Seuls face à la machine

À l'automne 2018, dans les remous du scandale Cambridge Analytica, on estime qu'un Américain sur quatre a supprimé l'application Facebook de son téléphone[37]. Quant à ceux qui ont ajusté leurs paramètres de confidentialité ou choisi de déconnecter pendant quelques semaines, ils représentent 74 % de la population. Dès sa révélation, l'affaire suscite une intense campagne citoyenne d'origine purement organique : chacun dans leur coin, des milliers, des centaines de milliers d'utilisateurs annoncent leur intention de quitter le réseau social, fatigués par cette relation ombrageuse et envahissante. #DeleteFacebook (Supprimez Facebook), clame-t-on sur Twitter, comme pour se donner un peu de

37. Selon un sondage du Pew Research Center conduit entre le 29 mai et le 11 juin 2018. Comme indiqué p. 104, 44 % des 18-29 ans.

contenance. Même approximatives, de telles proportions devraient donner des sueurs froides à Mark Zuckerberg. Las, malgré cet exode relatif, Facebook continue d'enregistrer des profits records : près de 17 milliards de dollars au deuxième trimestre 2019, au-delà des prévisions des analystes. Le nombre de ses utilisateurs continue de croître inexorablement, culminant désormais à près de 2,5 milliards. Pire, quand l'autorité de la concurrence américaine inflige au réseau social une amende de 5 milliards de dollars pour avoir manqué à ses obligations dans la protection des données, le cours de l'action s'envole. Telle est la cruauté réservée aux petits gestes : ils ne nous sauveront pas, incapables d'entraver la progression de l'ogre commercial. Du reste, cet informel droit de retrait reste un luxe, et il ne faut pas perdre de vue que dans de nombreux pays, Facebook est le seul moyen pour communiquer avec sa famille, ses amis, et organiser sa vie sociale. En 2015, un think tank, LIRNEasia, a ainsi fait une étrange découverte : en Indonésie, aux Philippines ou en Thaïlande, les utilisateurs de Facebook dépassent en nombre les internautes, comme si la plateforme avait fini par englober le réseau qui l'avait vu naître[38]. Pour eux, au quotidien, le Web se résume au service proposé par Zuckerberg, tuteur indispensable.

Ces actes d'insubordination se réduisent-ils à des réflexes petits-bourgeois ? À bien des égards, la société de la trace commande les mêmes réactions que le réchauffement

38. Leo Mirani, « Millions of Facebook users have no idea they're using the internet », Quartz, 9 février 2015.

climatique. Pour lutter contre celui-ci, il est entendu qu'il convient de trier ses déchets, acheter des ampoules basse consommation, privilégier les transports en commun ou bannir le plastique. Malheureusement, on sait aussi qu'on ne sauvera pas la planète en urinant dans nos douches. Échappera-t-on vraiment au profilage en supprimant notre compte Facebook ? Bien sûr, il ne s'agit pas de rejeter en bloc toute forme élémentaire d'hygiène numérique, et depuis les révélations d'Edward Snowden, vous avez peut-être apposé un sparadrap ou une gommette sur la webcam de votre ordinateur (on n'est jamais trop prudent). Mais la politique des petits gestes en milieu surveillé est d'autant plus inopérante qu'elle est mise en œuvre par les surveillants eux-mêmes. Depuis 2018, Apple propose dans le système d'exploitation de l'iPhone deux outils qui permettent à son propriétaire de mesurer – et donc d'agir – sur son addiction. Le premier, Temps d'écran, fournit des rapports d'activité hebdomadaires, tel un fonctionnaire dévoué. Le second agit comme une seconde lame : Limites d'app permet de réguler son activité, en décidant par exemple de plafonner à une heure l'utilisation quotidienne des réseaux sociaux. Un compteur se met en marche chaque fois que vous lancez Twitter ou Instagram, et cinq minutes avant l'expiration de la durée que vous vous étiez fixée, une notification est envoyée. Une fois votre limite atteinte, vous recevez une autre alerte. Un simple clic suffit à la court-circuiter ; le système, responsabilisant, vous incite à être votre propre maton. Tout part ici d'une intention d'apparence saine, commandée par un impératif de santé publique. Mais en desserrant la bride, le dispositif n'en devient que plus pervers. Évoquant, il y a soixante-cinq ans, « la technique sans frein », Jacques Ellul estimait déjà que « l'homme n'a pratiquement plus aucun moyen pour agir sur [elle]. [...] Il n'a en apparence qu'une voie raisonnable : se soumettre et profiter autant que faire se peut de ce que la technique lui donne libéralement. Car s'il veut s'opposer, il est réellement seul[39] ». C'est d'autant plus vrai dans la civilisation du smartphone, où chacun doit quotidiennement se débattre avec un dispositif de surveillance personnel et itinérant.

Surveillés consacrés surveillants, le cours de notre existence ressemble alors à une assignation à résidence perpétuelle, débarrassée de sa dimension coercitive – on guide ici sans contraindre. On ne pointe pas au commissariat trois ou quatre fois par jour, mais on se soumet aux injonctions cadencées des notifications, ces messagers qui nous rappellent l'étendue du temps confisqué. « La force du dispositif, c'est l'autocensure », m'expliquait en décembre 2015 un assigné, un vrai[40]. Joël Domenjoud, claquemuré dans son T3 de Malakoff, en banlieue parisienne. Le ministère de l'Intérieur venait de prononcer administrativement l'internement domiciliaire de ce militant sans casier judiciaire, parce qu'il craignait qu'en plein état d'urgence post-attentats, il ne perturbe avec quelques autres la très officielle Conférence sur le climat. « Ça instaure le

39. Jacques Ellul, *La Technique ou l'enjeu du siècle*, Armand Colin, 1954.
40. Olivier Tesquet, « Assigné », *Télérama*, 11 décembre 2015.

contrôle dans la tête des gens, et je définis moi-même les frontières de mon assignation, dont je deviens le garant », m'expliquait-il encore au moment de décrire son incarcération à ciel ouvert, sans barreaux ni miradors, qui allonge indéfiniment le temps. Même si ses visites quotidiennes au poste de police voisin, afin d'y signer un registre garantissant son confinement dans les limites de la commune, avaient fini par créer une proximité, le gardien de la paix avait toujours le dessus dans cette relation asymétrique. De la même façon, notre téléphone a beau nous proposer la possibilité de le débrancher, il ne peut nous offrir qu'une illusion de contrôle et quelques dérivatifs. Comme le sanctionnait Adorno, « si, de nos jours, les traces d'humanité ne semblent plus persister que dans l'individu en son déclin, c'est qu'elles nous exhortent à mettre fin à la fatalité qui individualise les hommes uniquement pour les briser complètement dans leur isolement[41] ». Alors, comment sortir de quarantaine ? Parce qu'ils se fondent dans notre environnement, les dispositifs de surveillance contemporains nous poussent à sous-estimer notre séquestration. Tout est si facilement accessible que nous voyons le monde plus petit qu'il ne l'est réellement. N'avez-vous jamais ressenti une forme aiguë d'oppression en réalisant que la moindre information était là, à portée de main ? Dans une conversation avec le journaliste Philippe Petit en 1996, l'urbaniste Paul Virilio, grand penseur de la vitesse, s'inquiétait

41. Theodor Adorno, *Minima Moralia*, Payot, 2003 (première édition 1951).

d'ailleurs de ce rétrécissement programmé : « Quand nous aurons toutes les interactivités que nous voulons [...], il est évident que le sentiment de l'étroitesse du monde deviendra rapidement insupportable[42]. » L'ubiquité discrète des dispositifs nous pousse à développer de nouvelles tactiques d'évitement, et c'est à se demander si l'esquive ne fait désormais pas partie d'une littératie numérique, puisque nous sommes collectivement persuadés d'être capables de nous accommoder de ces systèmes, voire de les duper pour en tirer le meilleur. Limites d'app le proclame : vous êtes maître à bord. Il en résulte un sentiment biaisé d'autonomie, parfaitement décrit par l'essayiste Jonathan Crary lorsqu'il évoque ces appareils sans friction dans leur manipulation, grâce auxquels on se sent en maîtrise (si un proche vous a déjà demandé de l'aide pour effectuer une action sur son smartphone, vous savez très bien de quoi je parle). « Ce sentiment d'ingéniosité individuelle, écrit Crary, peut faire croire, pour un temps, que l'on est du côté des gagnants du système, que l'on réussit à tirer son épingle du jeu, mais cela n'aboutit en fin de compte qu'à un nivellement généralisé de tous les utilisateurs, convertis en objets interchangeables d'une seule et même dépossession massive de temps et de praxis[43]. » C'est le drame des petits gestes et des accommodements raisonnables : atomisés, individualisés, ils sont aussi dépolitisés. Comme les opérations des militants d'Extinction Rebellion, qui voient

---

42. Paul Virilio, *Cybermonde, la politique du pire*, Textuel, 1996.
43. Jonathan Crary, *op. cit.*

dans la neutralité carbone l'alpha et l'oméga du combat contre le dérèglement climatique, les micro-résistances occupent symboliquement l'espace sans faire vaciller l'édifice qu'elles entendent attaquer.

La ville, terrain de la subversion par le jeu

Alors combien faut-il de grains de sable pour faire un tas ? La question est épineuse et sa réponse, incertaine. Un énième scandale pourrait-il provoquer la chute de Facebook ? Un individu seul serait-il en mesure de convaincre Amazon de renoncer à la reconnaissance faciale ? Nul ne le sait, et rien ne garantit que les petits gestes portent en eux le potentiel pour devenir de grandes manœuvres. Mais ils peuvent s'inscrire dans une histoire longue des pratiques de résistance populaire. Dans *Les Pendus de Londres,* l'historien Peter Linebaugh, élève d'Edward Thompson, dont il suit fidèlement l'approche par le bas, s'est penché sur le destin des condamnés à mort du XVIIIe siècle, condamnés à être exécutés en place publique sur le gibet londonien de Tyburn, à l'entrée de Hyde Park[44]. À la « thanatocratie britannique » qui « règne par l'exercice fréquent de la peine de mort » et impose par la pendaison le capitalisme naissant, Linebaugh loue la force de changement historique des travailleurs pauvres, capables par un mode d'action qu'il nomme « excarcération » de s'échapper des institutions

44. Peter Linebaugh, *Les Pendus de Londres, Crime et société civile au XVIIIe siècle*, Lux, 2018 (première édition 1991).

coercitives créées pour les discipliner. Citant l'exemple de Jack Sheppard, un fameux voleur exécuté à 22 ans dont les évasions font l'objet à l'époque de pantomimes, il oppose son néologisme à l'incarcération foucaldienne, parce que « le grand renfermement laisse penser que les responsables gouvernementaux et sociaux sont tout-puissants ». De cette forme élémentaire de lutte des classes, qui s'organise face à un rituel urbain – l'arbre aux pendus –, on peut tirer le fil pour faire de la ville le lieu d'un rapport de force nécessairement spatialisé. La cité, par ses rues et ses places, est un lieu de la délibération, le cas échéant de la contestation. C'est aussi un nouveau territoire de la surveillance, investi par des technologies invasives. Après avoir pensé la *smart city* – la ville intelligente – dans les années 2000, les urbanistes du futur réfléchissent à la *safe city* – la ville sûre –, bardée de capteurs et de stéthoscopes capables de prendre son pouls algorithmique, pilotée depuis des centres de supervision urbains (CSU) rutilants (aussi appelés hyperviseurs, comme s'ils permettaient de voir mieux). La cité-État de Singapour, constamment citée en exemple par les thuriféraires de la modernité, fait ici figure de modèle connecté. À Saint-Étienne, la mairie (LR) s'est associée à Serenicity, une entreprise dirigée par le patron de Verney-Carron (qui a longtemps équipé la police en Flash-Ball), pour déployer dans les quartiers populaires des micros capables de détecter les bruits suspects[45] ; à

45. Le projet a finalement été déclaré illégal par la CNIL avant même sa mise en place, en octobre 2019.

Marseille, à l'issue d'un appel d'offres remporté par Engie-Ineo, la municipalité a lancé un Observatoire Big Data de la tranquillité publique, qui entend commuter de multiples bases de données afin de rationaliser la gouvernance ; à Valenciennes ou Toulouse, les édiles déploient des caméras équipées de logiciels de reconnaissance faciale, épaulées par le Chinois Huawei ou l'Américain IBM[46]. Sous couvert d'optimisation et d'aide à la décision, cette mise en réseau des villes « transforme l'urbanité tout entière pour en faire une vaste entreprise de surveillance », comme le redoute la Quadrature du Net, l'association en pointe sur le sujet : « La technopolice ressemble à un gigantesque tube à essai dans lequel les formes les plus avancées du contrôle social pourront être mises au point. » En 1968, un slogan des étudiants des Beaux-Arts préfigurait la lutte : « Ne dites plus urbanisme, dites police prédictive. » Mais la ville possède une vertu : elle actualise la visibilité, elle a pouvoir de matérialisation dans l'espace public.

Il suffit de porter son regard vers Hong Kong pour deviner les contours des luttes de demain. À l'occasion des manifestations qui rythment la vie de la région administrative spéciale depuis le mois de mars 2019, on réalise à quel point il s'agit d'une lutte identitaire. Pas au sens d'une affirmation culturelle, mais d'une définition purement biométrique. Là-bas, le visage devient une arme à double tranchant. Craignant que la police puisse les reconnaître,

46. Pour une recension complète, voir la campagne Technopolice, lancée en septembre 2019 par la Quadrature du Net, technopolice.fr

les protestataires se sont mis à dissimuler leurs traits. On a pu les voir abattre des pylônes équipés de caméras et pointer des lasers en direction des forces de l'ordre pour les empêcher d'exploiter les images filmées lors des affrontements. L'utilisation de la reconnaissance faciale, ressource inépuisable de l'encombrant voisin chinois, est dans tous les esprits. Et quand le gouvernement décide en octobre d'interdire aux émeutiers de dissimuler leur faciès, ceux-ci organisent encore une fois la résistance. En violant délibérément la loi, qui les menace d'un an de prison, mais aussi en élaborant des stratagèmes divers. Ici, une jeune fille explique dans une vidéo comment nouer une tresse devant son visage ; là, un utilisateur de Twitter s'intéresse à un prototype de masque lumineux mis au point en 2017 aux Pays-Bas, qui permet de projeter la bobine de quelqu'un d'autre sur la sienne[47]. Soudain, le présent ressemble à *Substance Mort*, le roman de Philip K. Dick dans lequel le héros camoufle son identité grâce au « costume brouillé », composé de millions d'images fragmentaires d'hommes, de femmes et d'enfants[48]. À moins que nous vivions dans *Years & Years*, la série britannique uchronique où l'adolescente Bethany, qui rêve de se débarrasser de son enveloppe corporelle, se cache sans cesse derrière des filtres étranges qui ne sont pas sans rappeler ceux d'Instagram ou Snapchat.

47. *Wearable face projector*, jingcailiu.com
48. Philip K. Dick, *Substance Mort*, Denoël, 1978.

Cette subversion par le jeu et l'inventivité, qui permet de développer des parades à la surveillance, est profondément liée aux arts numériques. Depuis 1987, le Critical Art Ensemble (CAE), un collectif situationniste d'informaticiens, de plasticiens et de philosophes fondé à Chicago, n'hésite pas à endosser des identités fictives lors de performances remarquées, qui organisent la « résistance culturelle » au néolibéralisme triomphant. Très tôt, le CAE a cerné les dangers des mutations numériques. En 1995, Steve Kurtz, l'instigateur du groupe, intervient à Ars Electronica, la grand-messe de l'art à la sauce technologique, qui se tient chaque année à Linz, en Autriche, depuis 1979. Devant un parterre de 900 personnes, il démonte le mythe utopique du Web et, dans une critique radicale de la technologie, explique que chaque individu aura désormais un corps informationnel en plus de son corps biologique. L'effet sur l'auditoire est immédiat, brutal. « Welcome to the Wired World », annonçait le carton d'invitation. Mais c'est l'enfer que décrit Kurtz. « Pour nous, il était clair dès les débuts d'Internet qu'il servirait avant tout à des politiques de surveillance », déclarera-t-il des années plus tard[49]. Grâce à leurs installations, les artistes numériques donnent corps à des dispositifs d'ordinaire soustraits au regard. De fait, ils mobilisent un moyen d'action en apparence contre-intuitif: se rendre visible pour combattre

49. Stéphanie Lemoine et Samira Ouardi, « Pour une résistance culturelle permanente », entretien avec Steve Kurtz du Critical Art Ensemble, *Mouvements*, n° 65, 2011.

l'invisible. L'Américain Adam Harvey a ainsi mis au point un hijab qui permet d'échapper aux caméras thermiques des drones, transformant en objet de résistance le vêtement islamique : le tissu métallisé agit comme une cape d'invisibilité. Quant à son projet MegaPixels, il donne à voir les bases de données biométriques utilisées clandestinement par les entreprises pour entraîner et perfectionner leurs intelligences artificielles. Mais son intervention la plus symbolique et la plus parlante dans un futur proche se nomme CV Dazzle. Tirant son nom du camouflage utilisé par les navires de guerre britanniques pour se protéger de l'adversaire lors de la Première Guerre mondiale, cet « anti-visage » explore sous la forme d'une série mode différents maquillages et coiffures permettant d'échapper à la reconnaissance faciale. Dans son usage militaire, le Dazzle ne cherche pas à dissimuler le bateau qui l'arbore, mais à créer une illusion d'optique afin d'en troubler la perception, les dimensions, la position. Les silhouettes d'Adam Harvey, elles, proposent de se cacher aux yeux de tous, en jouant sur les faiblesses de la technologie. Dans les deux cas, il s'agit de duper la machine, qu'il s'agisse d'une pièce d'artillerie ou d'un algorithme. Les logiciels d'identification sont obsédés par la symétrie du visage ? Déséquilibrez-le. Ils cherchent vos yeux ? Obscurcissez-les. Ils dessinent votre nez ? Ornez-le de bijoux inattendus[50]. Nous aurons l'occasion de revenir sur cet art de la stéganographie,

---

50. Tous les projets d'Adam Harvey sont recensés sur son site : ahprojects.com

une branche de la cryptographie. Cette collection de gestes permettra-t-elle de retrouver la tranquillité abusivement promise par les chantres de la ville sûre ? Seule l'expérimentation le dira, mais leur simple existence permet de réinjecter de la friction dans un monde qui cherche coûte que coûte à l'éliminer. De quoi, peut-être, bouleverser quelques rituels démocratiques broyés par l'État policier et son régime sécuritaire. Et si les manifestations du futur devenaient de gigantesques carnavals ? Après tout, ceux-ci peuvent s'affranchir de leur caractère festif : lorsque ses troupes prennent Venise en 1797, Napoléon fait interdire le *carnevale,* de peur que des séditieux masqués ne cherchent à attenter à sa vie.

Une brève histoire du secret de la correspondance

Serrures renforcées, portes dérobées

Mais l'horizon ne saurait se réduire à une simple entreprise ludique. Il nécessite quelques précautions d'usage et aujourd'hui, dans la panoplie du citoyen prudent, à Hong Kong ou en France, mieux vaut s'en remettre aux messageries sécurisées pour se soustraire aux regards inquisiteurs. Puisque l'article 9 du Code civil consacre depuis le début du XIXe siècle notre droit à la vie privée, nos correspondances peuvent légitimement réclamer l'inviolabilité qui leur est due. Et à défaut de prose, l'internaute Jourdain pratique le chiffrement sans le savoir, c'est-à-dire qu'il encode ses informations pour les rendre illisibles. C'est même peut-être en passe de devenir le plus répandu des petits gestes, celui qui garantit des angles morts où l'on ne peut être épié. Jusque sur WhatsApp (propriété, certes, de Facebook), 1,5 milliard d'utilisateurs, nos échanges familiaux sont chiffrés *de bout en bout*: seuls l'expéditeur et le destinataire peuvent lire le contenu de la missive électronique, l'opérateur chargé de faciliter son transit étant aveugle et sourd. Dès lors, même si un gouvernement curieux décide de réquisitionner un opérateur télécom ou un service Web pour lui réclamer les données, celui-ci peut opposer un refus sans appel au prétexte qu'il ne possède pas la clé permettant d'y accéder. Les services de messagerie chiffrée se multiplient, et des magazines de plus en plus généralistes comparent leurs vertus dans des bancs d'essai exhaustifs: faut-il privilégier Signal, qui a la préférence d'Edward Snowden? Ou le dernier-né suisse, Wire? À moins qu'il ne faille s'orienter vers Skred, l'application lancée par... Skyrock? Au bout du compte, vous utilisez peut-être Telegram, 280 millions de fidèles, lancé par le Russe Pavel Durov, l'un des meilleurs ennemis du Kremlin. Signe des temps: en janvier 2019, Mark Zuckerberg a annoncé son intention d'étendre le chiffrement de bout en bout à tous les services de Facebook[51].

Mais les pouvoirs publics goûtent peu cette science de la dissimulation. En octobre 2019, William Barr, le procureur général des États-Unis, écrit au patron du réseau social pour lui demander de renoncer à une innovation jugée dangereuse pour la sécurité de la nation. « Les entreprises ne devraient pas concevoir leurs systèmes pour empêcher toute forme d'accès à leurs contenus », détaille la lettre,

51. Mike Isaac, « Zuckerberg Plans to Integrate WhatsApp, Instagram and Facebook Messenger », *New York Times*, 25 janvier 2019.

également signée par la ministre de l'Intérieur britannique et le ministre des Affaires étrangères australien[52]. La France n'est pas en reste. À partir de 2015, encore sous le choc des attentats parisiens, le gouvernement part en guerre contre Telegram, au prétexte que les djihadistes s'en servent pour recruter des candidats et s'y échanger des informations loin du regard insistant des services de renseignement. Alors quand on apprend qu'Adel Kermiche a envoyé un message audio sur l'application avant d'égorger le prêtre Jacques Hamel dans son église de Saint-Étienne-du-Rouvray, le ministère de l'Intérieur monte publiquement au créneau. À l'occasion d'une conférence de presse commune avec son homologue allemand Thomas de Maizière, Bernard Cazeneuve réclame « un acte législatif européen [...] pour rapprocher les obligations de tous les opérateurs [...] pour les obliger à [...] déchiffrer des messages dans le cadre d'enquêtes, que leur siège soit en France ou non[53] ». Traduction : merci de nous laisser regarder par-dessus votre épaule, nous avons un mandat. Ce qu'oublie de préciser Cazeneuve, c'est que son collègue garde des Sceaux, Jean-Jacques Urvoas, est également utilisateur régulier de Telegram. Un goût qui l'a même mené jusque devant la Cour de justice de la République, cette juridiction fantoche – on appelle régulièrement

---

52. Ryan Mac et Joseph Bernstein, « Attorney General Bill Barr Will Ask Zuckerberg To Halt Plans For End-To-End Encryption Across Facebook's Apps », BuzzFeed, 3 octobre 2019.

53. Olivier Tesquet, « La France part-elle en guerre contre le chiffrement des télécommunications ? », *Télérama*, 23 août 2016.

à sa dissolution – réservée aux gouvernants[54]. Depuis, ce sont les élus En Marche! qui ont largement migré sur la plateforme, convaincus d'y trouver la discrétion nécessaire à l'exercice de la vie politique. Si les djihadistes ne sont pas les seuls à peupler cet espace numérique, c'est bien la preuve que Telegram est un bouc émissaire idéal pour reprendre la main.

Quelle que soit la provenance des grincements de dents, l'argument brandi par les gouvernements est toujours le même: le chiffrement des télécommunications menace les enquêtes de la police et permet aux terroristes comme aux pédophiles d'échapper à la vigilance. De fait, depuis les années 1970, l'administration américaine – les standards informatiques contemporains trouvent tous leur origine aux États-Unis – combat la démocratisation de la cryptographie, dont elle a longtemps eu le privilège exclusif. Ce conflit de faible intensité a même un nom: les Crypto Wars. En 1975, deux cryptologues, Whitfield Diffie et Martin Hellman, pressentant la popularisation de l'ordinateur individuel, s'attaquent à un problème ancestral de leur discipline: la distribution des clés. Tout message chiffré fonctionne selon un principe universel. L'expéditeur brouille son message en en utilisant une. Pour le lire, le destinataire dispose de la même clé, qui lui permet de déchiffrer ledit message. Le code de César, l'un des plus anciens

54. Pour avoir violé le secret professionnel en transmettant via Telegram une note policière à son ami député Thierry Solère, relative à une enquête le concernant, l'ex-ministre a été condamné à un mois de prison avec sursis en septembre 2019.

procédés, l'un des plus simples aussi, permet par exemple de rendre illisible ce que l'on envoie par un simple décalage des lettres de l'alphabet. Ainsi, « Renforts » devient « Obkcloqp » en reculant de trois rangs. Mais avec l'essor de l'informatique, le problème se corse. Comment échanger la clé avec son correspondant ? Plutôt que de s'appuyer sur un tiers de confiance peu fiable, Diffie et Hellman souhaitent ne compter sur personne d'autre que sur eux-mêmes. Dans un article paru en 1976 dans la revue de l'Institut des ingénieurs électriciens et électroniciens (IEEE) et passé à la postérité, le binôme met au point la cryptographie asymétrique[55]. Révolutionnaire, ce principe s'appuie sur deux clés. L'une est publique, communiquée entre les parties, l'autre est privée, conservée précieusement par-devers soi. Imaginez une boîte aux lettres équipée de deux serrures distinctes. Si Jean veut envoyer un message secret à Jeanne, il le place dans la boîte et la ferme à l'aide de sa clé publique. Seule la clé privée de Jeanne permettra de déverrouiller l'autre serrure et donc de lire le message. Et vice-versa. Dès l'année suivante, trois chercheurs du MIT, Ronald Rivest, Adi Shamir et Leonard Adleman, brevettent une solution commerciale fondée sur la cryptographie asymétrique de Diffie et Hellman. Ils la baptisent RSA, leurs trois initiales. Leur technologie est réputée inviolable, résistant même aux assauts des services de renseignement. Qui voient se matérialiser sous leurs yeux le

55. Whitfield Diffie et Martin Hellman, « New Directions in Cryptography », *IEEE Transactions on Information Theory*, n° 6, novembre 1976.

cauchemar de tous les espions : si n'importe qui peut utiliser leurs techniques, comment garder un coup d'avance ?

Au milieu des années 1990, l'administration Clinton a bien tenté d'imposer une porte dérobée à l'échelle industrielle. Avec la puce MYK-78, surnommée la « Clipper chip », les autorités pensent avoir trouvé la solution pour empêcher la cryptographie d'échapper totalement au contrôle de l'État. Ce microprocesseur, à peine plus gros qu'une dent, a pour vocation d'être soudé à chaque appareil électronique mis sur le marché et permettant la transmission d'informations. Aux deux clés mises au point par Diffie et Hellman, la NSA, qui a développé ce bout de plastique très intrusif, en ajoute une troisième, mise sous séquestre. Sur présentation d'un mandat, et grâce à un algorithme classifié répondant au nom de Skipjack, le gouvernement peut à tout moment déchiffrer les communications circulant sur n'importe quel téléphone ou ordinateur. À l'été 1994, dans le *New York Times*, le journaliste Steven Levy parle de « la première guerre sainte des autoroutes de l'information[56] ». Alors que la cryptographie est perçue comme le meilleur moyen de sauvegarder une vie privée en péril, la puce coalise contre elle une opposition disparate. Aux habituels militants des libertés publiques viennent se joindre des voix plus inattendues, comme celle du très conservateur Rush Limbaugh, truculent animateur du talk-show radiophonique le plus écouté du pays. On entend de plus en plus

56. Steven Levy, « Battle of the Clipper Chip », *New York Times Magazine*, 12 juin 1994.

les cypherpunks, « une confédération aux liens lâches de hackers, d'ingénieurs et de fauteurs de trouble[57] ». Ce mouvement néologiste, formé à partir de *cypher* (chiffrement) et de *cyberpunk* (ce genre de science-fiction profondément dystopique popularisé par l'auteur William Gibson), croit profondément au pouvoir libérateur de la disparition, et ses représentants les plus radicaux n'hésitent pas à se réclamer d'un crypto-anarchisme qui croit en l'anonymat absolu et la liberté totale[58]. À force de mécontenter tous ceux qui ne font pas confiance au gouvernement, grevée par des failles techniques embarrassantes, la Clipper chip sera définitivement mise au rebut en 1996, sans jamais avoir été déployée.

Défendant ce cheval de Troie miniature, Stewart Baker, alors avocat général de la NSA, croit deviner les ondulations inquiétantes du monde de demain : « Quand, dans cinq ou dix ans, n'importe quel téléphone disposera d'un bouton de chiffrement et sera interopérable avec n'importe quel autre appareil du pays, nous réaliserons que tout notre réseau de télécommunications est utilisé d'une manière profondément antisociale[59]. » Outre l'asymétrie de la cryptographie, dont ils sont les garants, les cypherpunks en redoutent une autre, celle de l'information. Dans une société mise en réseau, craignent-ils, les États en sauront toujours plus que leurs citoyens, menaçant ainsi leurs libertés individuelles. C'est là tout l'objectif

---

57. *Ibid.*

58. Lire à ce sujet le *Manifeste crypto-anarchiste* de Timothy May, publié en novembre 1992 sur la liste de diffusion *Cypherpunk*.

59. Steven Levy, *op. cit.*

des Crypto Wars dont ils se font les soldats : contester ce nouveau monopole. Hors de question pour eux de prêter leurs confidences au secrétaire de Cécile de Volanges qui, dans *Les Liaisons dangereuses*, en remet la clé à sa mère inquisitrice. Du reste, cet affrontement autour des correspondances dessine des horizons judiciaires inexplorés en même temps qu'un nouveau territoire de désobéissance. En 1991, après avoir mis en ligne gratuitement le logiciel de chiffrement Pretty Good Privacy (PGP), son concepteur, Philip Zimmermann, est visé par une enquête criminelle. Les douanes américaines, qui pilotent la procédure, l'accusent d'avoir violé les restrictions sur l'exportation de programmes de cryptographie, encore considérés comme des armes de guerre. « Je voulais renforcer la démocratie », proteste Zimmermann[60]. En 1996, après trois ans d'une procédure kafkaïenne, l'affaire sera finalement classée sans suite, et au cours de la décennie suivante, PGP deviendra le plus populaire des outils de chiffrement. Mais si les États sont si peu enclins à laisser leurs sujets se soustraire à leur regard, c'est parce que, parallèlement, les instances de violation du secret des correspondances ont historiquement reposé sur leur propre obscurité.

60. Vic Sussman, « Lost in Kafka Territory », *US News & World Report*, 26 mars 1995.

Cabinets noirs et solutions lumineuses

À partir du XVIIIe siècle fleurissent un peu partout sur le Vieux Continent des organes secrets chargés de décacheter le courrier, notamment étranger, au profit des souverains. Dans sa précieuse somme historique de la cryptographie, que le gouvernement américain était parvenu à censurer en partie lors de sa publication en 1967, David Kahn raconte le quotidien du Geheime Kabinettskanzlei viennois, réputé comme l'un des plus efficaces d'Europe :

> Les sacs de courrier destinés aux ambassades étaient livrés au cabinet chaque jour à sept heures du matin. Là, les lettres étaient ouvertes en faisant fondre le sceau à l'aide d'une bougie. Elles étaient ensuite transmises à un sous-directeur, qui les lisait et faisait recopier les passages les plus importants. Deux traducteurs étaient toujours à portée de main. Toutes les langues européennes pouvaient être lues et, au besoin, apprises. Un polyglotte du cabinet avait ainsi appris l'arménien en quelques semaines. Après avoir été copiées, les lettres étaient replacées dans leurs enveloppes d'origine, scellées de nouveau et remises au bureau de poste avant 9 h 30[61].

En France, c'est le Cabinet noir qui se charge de cette basse besogne. Signe de son opacité, il est impossible de dater avec précision sa création. Mais c'est sous Louis XIII

61. David Kahn, *The Codebreakers, The Story of Secret Writing*, Macmillan, 1967.

que la pratique s'institutionnalise. En 1637, le cardinal de Richelieu fait ordonner l'imposition d'une taxe fixe sur l'envoi des lettres et paquets, et au même moment, il s'adjoint les services d'un certain Antoine Rossignol, cryptologue très compétent à qui il confiera la création formelle du Cabinet noir. « Jusqu'à maintenant, rien ne nous informe de l'intervention de l'Administration postale dans la violation des correspondances, mais il est évident que la Poste, devenue organisme d'État et dépendant du Gouvernement [...] ne devait pas tarder à être mise dans l'obligation d'aider les ministres dans leur besoin d'information », écrit ainsi l'historien Eugène Vaillé, qui rappelle que « le secret est une des conditions de son efficacité[62] ». Malgré les doléances de 1789, qui réclament son abolition, il faut attendre la IIe République pour en venir une première fois à bout. Promu directeur général des postes à la faveur de la révolution de 1848, le dramaturge Étienne Arago découvre « un reste immonde de Cabinet-Noir de la monarchie, fonctionnant encore, à l'insu des ministres de la République, dans les bas-fonds de deux ministères, ténébreuse succursale qui fut supprimée... tout le temps du moins de mon administration[63] ». Rétablie sous le Second Empire, l'officine disparaîtra pour de bon sous la IIIe République, avec la généralisation des boîtes aux lettres, qui garantit l'anonymat des expéditeurs. Aujourd'hui, le fait, par une

62. Eugène Vaillé, *Le Cabinet noir*, Presses universitaires de France, 1950.

63. Étienne Arago, *L'Hôtel de ville de Paris au 4 septembre et pendant le siège*, J. Hetzl et Cie Éditeurs, 1874.

personne dépositaire de l'autorité publique, de violer le secret des correspondances est puni de trois ans d'emprisonnement et de 45 000 euros d'amende[64].

Au fil du temps, le Cabinet noir est devenu la figure rhétorique des *arcana imperii* où se trament les mystères de l'État, au point qu'aucun président de la Vᵉ République n'a jusqu'ici échappé aux accusations d'organisation occulte, du Général de Gaulle à François Hollande. Mais il ne s'agit pas que d'un privilège régalien logé dans les marges du *Journal officiel*. Car le Cabinet du secret des postes est aussi un service de renseignement électronique avant l'heure. Lorsque la NSA voit officiellement le jour en 1952, elle est aussi confidentielle que les manœuvres de Richelieu, et le décret signé par le président américain Harry Truman est classifié. Son aïeul, le Bureau du chiffre (le Cipher Bureau, également connu sous le nom de... Black Chamber), a été fermé en 1929 par le secrétaire d'État Henry Stimson, au prétexte que « les gentlemen ne lisent pas le courrier des autres[65] ». Pendant des années, la NSA sera surnommée « No Such Agency » (« aucune agence de ce genre ») par ceux qui la connaissaient quand même. Mais il faudra attendre une enquête du Sénat en 1975 pour que son existence soit officiellement révélée ; il faudra attendre *The Puzzle Palace*, le best-seller du journaliste James Bamford en 1982, pour connaître son organisation ;

64. Article 432-9 du Code pénal.

65. Glenn Hastedt et Steven Guerrier, *Spies, Wiretaps, and Secret Operations : An Encyclopedia of American Espionage*, ABC-CLIO, 2010.

il faudra attendre les révélations de Duncan Campbell sur le programme Echelon en 1988 pour mesurer son périmètre d'intervention ; et il faudra attendre Edward Snowden pour prendre la mesure en 2013 de l'hybridation entre le public et le privé dans la conduite d'une surveillance de masse. Dans les États-Unis de l'après 11-Septembre, on verra même ressurgir une forme primitive de Cabinet noir, en découvrant que le service postal gouvernemental n'hésite pas à mettre son nez dans le courrier transitant par les centres de tri, sans jamais le reconnaître officiellement[66].

Dès lors, comment résoudre la tension entre nous, cypherpunks du quotidien, qui souhaitons protéger l'intimité de nos échanges, et les gouvernements, qui mettent tout en œuvre pour les violer sans être vus ? La réponse pourrait se situer du côté de la stéganographie. Au contraire de la cryptographie, qui consiste à préserver le secret en le rendant inintelligible pour qui n'en détient pas la clé, cette autre discipline, tout aussi ancestrale, entend dissimuler les données dans d'autres données. Évoquée dès Hérodote au Ve siècle avant J.-C., la stéganographie est dans ses formes primitives le camouflage préféré de l'adolescence ingénieuse : l'encre sympathique en est un bon exemple. Certes, avec l'avènement de l'informatique, ses usages se sont perfectionnés. Des groupes terroristes s'en sont fait leur spécialité, d'Al-Qaida dissimulant ses plans dans des vidéos pornographiques aux djihadistes de

66. Ron Nixon, « Copy of Postal Service Audit Shows Extent of Mail Surveillance », *New York Times*, 13 août 2015.

Daesh communiquant via le service en ligne d'une console de jeu[67]. Mais la modernité n'a pas entamé sa dimension analogique, et entre 2003 et 2004, le mystérieux groupuscule AZF, qui menaçait de faire sauter des voies ferrées si une rançon ne lui était pas versée, s'est retrouvé à négocier avec la police par l'intermédiaire des petites annonces de *Libération*: «Mon gros loup, ne prenons pas de risques inutiles, le plus tôt sera le mieux. Donne-moi tes instructions. Suzy. 07 25 36 56 11[68].» Au grand dam des autorités, le procédé sera révélé par *La Dépêche du Midi*. Pour autant, nous aurions tort de laisser ces tactiques inventives aux seuls agents de la peur. Et puisque les dispositifs de surveillance contemporains s'attachent à se rendre indétectables, autant épouser leur mouvement en occupant l'espace en son espace le plus évident, son angle le plus ouvert. On pense au *Joker* de Todd Phillips, où Joaquin Phoenix, sociopathe et grimé en clown furibard, se mêle à une foule de semblables portant un masque identique. À Edward Snowden en cavale, caché par son avocat chez les demandeurs d'asile sri-lankais de Hong Kong, incognito, mais en plein jour. Ou encore à la lettre volée d'Edgar Allan Poe, dans laquelle M. G., préfet de police de Paris, avisé du vol d'une lettre de la plus haute importance dans le boudoir royal, la cherche dans les moindres recoins, sans jamais la trouver. C'est le détective Dupin qui finit par mettre la main dessus,

---

67. Paul Tassi, «How ISIS Terrorists May Have Used PlayStation 4 To Discuss And Plan Attacks», Forbes, 14 novembre 2015.

68. Armelle Thoraval, «*"Suzy" écrit à son "grop loup"*», *Libération*, 4 mars 2004.

quand il réalise que le document n'a jamais quitté le bureau du coupable. Froissé, sale et déchiré, il a été laissé à la vue de tous et porte « toutes les apparences d'un document sans valeur[69] ». En d'autres termes, la lettre a été rendue à son anonymat. Cela signifie-t-il qu'il faut habiter au centre de la surveillance pour échapper à son attraction, comme dans l'œil d'un cyclone ? Pourrait-on alors la tutoyer et, en l'effleurant de signaux contradictoires, tromper ses prédictions ? « Notre civilisation prend la structure et les qualités d'une machine », écrit un Paul Valéry technocritique dans son *Propos sur l'intelligence*, ajoutant que cette machine « ne peut s'accommoder d'existences indéterminées dans sa sphère d'action ». Elle ne tolère ni les vies aux formes inexactes, ni les existences aux contours flous, ni les destins trop vagues. « Elle tend à éliminer les individus imprécis à son point de vue », conclut l'homme de lettres[70]. Autant en tirer profit. Et plutôt que de chercher une clandestinité totale et matériellement irréalisable, peut-être faudrait-il alors réfléchir aux moyens effectifs d'échapper à la classification, en choisissant sciemment de réapparaître, au moins d'apparaître autrement.

69. Edgar Allan Poe, *La Lettre volée*, 1844.
70. Paul Valéry, *Propos sur l'intelligence*, 1926.

Disparaître puis réapparaître

Le territoire le plus surveillé du monde

Le cauchemar de Paul Valéry pourrait aujourd'hui se matérialiser au Xinjiang. Cette vaste région du nord-est de la Chine, à majorité musulmane, peut aisément être considérée comme la zone géographique la plus surveillée de la planète. Sur ce territoire de plus de 1,5 million de kilomètres carrés, Pékin a déployé une architecture de contrôle proprement effrayante. À Urumqi, la capitale, les caméras de surveillance, équipées des dernières technologies de reconnaissance faciale, sont omniprésentes, tout comme les contrôles de police. Aux check-points, les forces de l'ordre scannent les cartes d'identité des habitants et peuvent à tout moment réquisitionner leur téléphone pour en consulter le contenu. À l'entrée des supermarchés, des banques, les 13 millions de Ouïghours, ces sunnites turcophones traqués par le pouvoir central, peuvent être auscultés informatiquement. Lorsqu'ils achètent un couteau dans une droguerie, leur état civil est gravé sur la lame sous la forme d'un code QR. Inscrits dans une base de données vertigineuse, les résidents sont classés en trois catégories : sûr, normal, dangereux. Leur ADN est méticuleusement collecté, leurs empreintes digitales, consignées, l'empreinte de leur iris, archivée, leur groupe sanguin, inventorié, leur voix, enregistrée. Au quotidien, la maréchaussée s'appuie sur une application, l'IJOP (Integrated Joint Operations Platform, plateforme intégrée d'opérations conjointes), pour collecter en masse les données des habitants. Analysé par l'ONG Human Rights Watch (HRW), qui en a obtenu une copie au printemps 2019, ce système permet aux autorités de resserrer encore un peu plus les mailles du filet, en surveillant la consommation d'électricité ou la durée des déplacements à l'étranger[71]. La plateforme est même capable de déterminer si le propriétaire d'un véhicule n'est pas le même que celui qui fait le plein d'essence à la pompe (dont l'accès est évidemment vidéosurveillé). Les fonctionnaires se trouvant à proximité sont alertés de cette incohérence et peuvent décider à l'aide d'un menu déroulant si l'affaire nécessite d'être examinée de plus près. Du fait de cette traque permanente, qui conjugue totalitarisme à l'ancienne et surveillance informatique, un million d'habitants ont disparu, internés dans des camps dits « de rééducation », bâtis à la hâte par le Parti

71. *Chine : Recours à une application pour la surveillance de masse au Xinjiang*, Human Rights Watch, 1er mai 2019.

communiste chinois sur de grandes étendues désertiques. Témoignant auprès de HRW, l'un d'entre eux raconte son évanouissement de la société :

> Une semaine après la fin de ma détention arbitraire, je suis entré dans un centre commercial et une alarme s'est déclenchée. La police est arrivée et m'a conduit au poste. Je leur ai dit que j'avais été remis en liberté parce que j'étais innocent. Ils m'ont rétorqué que je ne devais pas me présenter dans des lieux publics. Je leur ai demandé si je devais rester à la maison, ils m'ont répondu que c'était préférable[72].

Entravés par une série de clôtures virtuelles, exposés en permanence, les résidents ne peuvent pas se cacher. Pire, toute tentative de se soustraire à l'œil de Pékin sera interprétée par les autorités comme une menace justifiant ici une mesure de surveillance supplémentaire, là une incarcération. Aussi extrême soit-il, l'exemple du Xinjiang concrétise l'horizon le plus inquiétant de la « gouvernementalité algorithmique » décrite par la chercheuse Antoinette Rouvroy[73]. La Chine entend ici neutraliser l'incertitude autant que les individus qui l'incarnent, au nom de la mise en place d'une politique d'épuration ethnique, puisque c'est, hélas, de cela qu'il s'agit. Ce repoussoir devrait aussi agir comme une alerte et nous pousser à prendre la mesure

72. *Ibid.*

73. Antoinette Rouvroy, « Gouvernementalité algorithmique et perspectives d'émancipation », *Réseaux*, n° 177, 2013.

de notre propre totalitarisme technologique tempéré, qui nous isole par le bris social et la nécrose. Il ne s'agit plus seulement de se soustraire à la surveillance de dispositifs intrusifs, de caméras, de capteurs, de puces RFID qui agissent comme des émetteurs radio, mais d'échapper à ce qu'on attend de nous, de tromper les prédictions, de duper les outils de mesure. Puisqu'on nous observe sous toutes les coutures et que nous nous épions les uns les autres à travers le trou d'une serrure, il est tentant de considérer l'inaliénable droit au secret comme un droit au retrait.

Discrétion, parasitage et furtivité

La disparition, à cet égard, pourrait être considérée comme un itinéraire désirable. Au Xinjiang, c'est la condamnation prononcée contre ceux qui refusent de s'effacer eux-mêmes. Mais dans nos démocraties occidentales en crise, la disparition reste toujours le fantasme des crypto-anarchistes et des Thoreau numériques, mythe de la clandestinité pour les premiers, échappatoire en solitaire chez les seconds (pensez à ces légions de jeunes urbains qui songent à tout plaquer pour se lancer dans la permaculture). Obsédée par la reconnaissance de ses pairs et la mise en scène de soi, notre modernité semble aspirer au moins aussi intensément à une invisibilité dans laquelle elle pourrait se draper quand son système immunitaire arrive à saturation. Cette quête de l'anonymat devient chaque jour plus ardue. Comment disparaître quand les dispositifs n'apparaissent plus ? Dans nos environnements urbains, les équipements de la gouvernementalité algorithmique ont pour mission première de se rendre indétectables. Comment s'extraire du champ de vision d'une caméra si son œil est miniaturisé dans une sonde invisible ? Ou deviner que par la grâce d'un Dieu technicien, elle est subitement devenue intelligente ? À Marseille, les 1 800 caméras de surveillance déployées dans l'espace public depuis 2011 sont désormais rendues « intelligentes » par le truchement d'une amélioration logicielle. Depuis la fin de l'année 2019, elles sont capables de détecter automatiquement les images suspectes et d'analyser les dangers – une rixe, un objet abandonné, une manifestation gênante – sans pour autant en aviser des riverains, délibérément maintenus dans l'ignorance. Du fond des bois du Massachusetts, Thoreau mesurait sa révolte solitaire en miroir de ses « passages dans le monde civilisé[74] ». Sur les quais de Toronto, où Sidewalk Labs, la filiale de Google en charge de l'innovation urbaine, façonne la ville du futur. Il faut lire le portrait qu'en fait *Le Monde* : « Loin des visions de science-fiction, les images diffusées [par l'entreprise] jusqu'à présent se limitaient à des vues génériques de rues piétonnes, d'espaces verts et d'immeubles passe-partout façon aquarelle, comme pour mieux atténuer le contenu du projet : une ville conçue et gouvernée par les nouvelles technologies, les données numériques

74. Henry David Thoreau, *Walden ou la vie dans les bois*, Gallimard, 1990 (première édition1854).

et l'intelligence artificielle[75]. » Dans les années 1990 et au début des années 2000, le mouvement Reclaim the Streets entendait reprendre possession de l'espace public en l'occupant, préfigurant en ce sens les mouvements d'occupation des places, d'Occupy aux Indignés espagnols. Aujourd'hui, tout est mis en œuvre par les promoteurs et contremaîtres de la *smart city* pour mettre à l'abri les outils de l'invasion, doublement mis sous clé, techniquement et politiquement. De quoi, sous couvert d'une innocuité ordinaire, réinventer pour le pire la flânerie baudelairienne, transformée en réclusion : « Être hors de chez soi, et pourtant se sentir partout chez soi » ? Non, être hors de chez soi jusque chez soi. Ainsi, dans l'intimité relative de nos vies dématérialisées, nous devons tous rester lisibles. Un signe : les pseudonymes, ces talismans adolescents incompréhensibles pour les béotiens, sont devenus suspects. Au nom d'une « politique des vrais noms », Facebook traque méthodiquement les identités secrètes. Et à la faveur des éruptions langagières des Gilets jaunes, soudés sur les ronds-points et sur les réseaux sociaux, on a pu entendre Emmanuel Macron en appeler à « une levée progressive de toute forme d'anonymat[76] ». D'après le chef de l'État, génétiquement attaché à une distribution verticale du langage, n'avoir aucun nom, avoir le même nom que tous les autres, « donne l'impression que toutes les paroles

75. Grégoire Allix, « Le projet de "ville Google" prend forme à Toronto », *Le Monde*, 8 juillet 2018.

76. Phrase prononcée à Souillac le 18 janvier 2019, à l'occasion du deuxième acte du grand débat national.

sont égales ». C'est un trouble insupportable qui fait obstacle à l'assignation à laquelle chacun doit docilement se plier. Ainsi, il faut connaître le coût social de la disparition numérique, même minuscule : c'est le soupçon diffus et permanent. « Comment disparaître complètement sans jamais être retrouvé », promettait en 1986 un guide pratique de Loompanics, improbable et défunt éditeur américain proposant des manuels pour crocheter une serrure ou fabriquer de faux papiers d'identité. Aujourd'hui encore, on se l'échange sous le manteau entre paranoïaques modérés et survivalistes *off the grid* (débranchés), artisans autarciques de la vie hors réseau. Dans ces conditions, traqué dehors comme dedans, le reclus numérique peut s'apparenter à un nouveau vagabond, ce nomade criminalisé qui, encore et toujours, « tourne comme une machine folle dans ce monde des cadences bien réglées[77] ».

En disparaissant, il faut saisir l'importance de ce qui disparaît. Et s'il y a peu de chances que des pans entiers de la société embrassent la radicalité d'un mode de vie hors du monde, la discrétion présente tous les atours d'une vertu à sauvegarder. Au même titre que la cryptographie ou la stéganographie, c'est un art délicat bien plus qu'une science rigide. Dans la Vulgate, *discretio* ne qualifie-t-elle pas la faculté de discernement ? Ni soumission, ni servilité, ni injonction à ne pas faire trop de bruit (comme on l'entend trop souvent dans son acception moderne), la discrétion peut se conquérir par petits gestes et par millions.

77. Jean-Claude Beaune, *op. cit.*

On entre en discrétion comme on entre en résistance, et comme l'estime le philosophe Pierre Zaoui, elle consiste moins à disparaître qu'à apparaître autrement, « car il n'y a pas de discrétion politique sans espace public[78] ». Autrement dit, ce n'est pas une morale mutilante, mais une éthique qui se forge. Pour Zaoui, c'est une jouissance modeste, nécessairement éphémère : « Il n'est guère supportable de disparaître trop longtemps si l'on ne veut pas que ces plaisirs furtifs se transforment en désistement ou en perversion. » Dans un monde qui, précisément, refuse la discontinuité en imposant l'ubiquité, comment s'en accommoder ? Ou plutôt, comment reproduire ce geste aussi souvent que possible ? On peut être discret sur la trajectoire de ses aventures sentimentales ou sexuelles, mais il semble bien plus ardu d'entretenir le flou autour de son profil informatique, comme encodé dans notre ADN. Pour être furtif, il faut alors remuer la poussière et faire du bruit, au nom de l'obfuscation, une tactique informatique délibérément parasite. C'est très exactement le postulat d'un outil militant lancé en 2017 : Make Internet Noise[79]. En cliquant sur un bouton, vous ouvrez un onglet dans votre navigateur, qui lance une recherche aléatoire toutes les dix secondes. Ainsi suis-je passé des vertus du gombo à la définition d'un duplexeur, des chambres anodines d'un hôtel rouennais à un tutoriel YouTube pour préparer des sucres d'orge. Évidemment rudimentaire, ce gadget ne trompe

78. Pierre Zaoui, *La Discrétion ou l'art de disparaître*, Autrement, 2013.
79. makeinternetnoise.com

pas complètement la machine, et l'algorithme qui la gouverne saura sans mal discerner cette activité non humaine. Mais il s'agit ici d'exercer son droit à la discrétion par une capacité de parasitage et un ethos de la dérive. Semblables à de petites grenades à impulsion électromagnétique, ces dérisoires actions de sabotage sont condamnées dans le temps, et il faudra prévoir des munitions supplémentaires pour brouiller les pistes, au fil des déviations, demi-tours, virages brusques et courses obliques dont nous avons besoin pour semer la filature invisible dont nous sommes l'objet. « Jadis, le voyage comprenait trois étapes : le départ, le trajet, et l'arrivée. Aujourd'hui, l'arrivée généralisée a dominé tous les départs », se lamentait encore Paul Virilio au crépuscule du siècle dernier[80]. Si l'éthique de la discrétion est celle d'une réapparition, alors il faut muscler notre récalcitrance, c'est-à-dire repousser le moment de l'arrivée. Mentir à la machine pour déjouer même brièvement sa vigilance ne revient pas à faire régner le faux, mais à sortir de nos « technococons » et de nos « conforteresses » décrites avec une acuité organique par le romancier Alain Damasio[81]. Bien plus que des phalangistes clandestins du capitalisme de surveillance, ses *furtifs* sont des caméléons, capables d'être quelqu'un puis quelque chose d'autre. Là où la puissance publique s'accouple avec le secteur privé pour gouverner, les antihéros de Damasio s'hybrident collectivement avec le vivant, soit l'antithèse du rêve

80. Paul Virilio, *op. cit.*
81. Alain Damasio, *Les Furtifs*, La Volte, 2019.

transhumaniste qui ne conçoit la disparition du corps que dans le cadre d'un accouplement avec la machine. Comme l'écriraient Deleuze et Guattari, les furtifs sont « peints gris sur gris[82] ». Fusionnés en un tas de corps mous par les dispositifs qui nous entourent, il nous faut donc apprendre – réapprendre – à nous métamorphoser, réinjecter de la friction, de l'élasticité, du souffle et de la vibration, car ce sont les seuls moyens d'exercer notre intimité. *Minima Moralia* d'Adorno s'ouvre sur cette citation de l'écrivain autrichien Ferdinand Kürnberger : « La vie ne se vit pas. » Elle pourrait être inscrite au frontispice de nos domiciles, à l'entrée de nos villes, sur l'écran d'accueil de nos téléphones, et le salut ne passera que par la rematérialisation du corps, ce corps qui touche, marche et trébuche. C'est tout ce qu'il nous reste pour habiter nos vies qui, à défaut d'être en ruines, sont déjà en miettes.

82. Gilles Deleuze et Félix Guattari, *Mille Plateaux*, Éditions de Minuit, 1980.

Conclusion

Si vous êtes arrivé jusqu'ici, vous trouvez probablement le tableau désespérant, l'horizon bouché et l'avenir incertain. Il serait malhonnête de ma part de prétendre qu'il existe des solutions clés en main pour retrouver un peu de lumière, ou d'ombre, selon les points de vue. C'est le constat quotidien et cruel de mon expérience personnelle : on ne se désenvoûte pas si facilement de la technique. Bien sûr, on peut consigner dans nos journaux intimes quelques conquêtes inutiles, une victoire sur la dictature des notifications par ici, une géolocalisation désactivée par là. C'est à peu près tout. Ai-je modifié en profondeur mes comportements en écrivant ce livre ? Pas vraiment. Le bon sens l'aurait pourtant commandé. Mais c'est ici tout le talent de la surveillance contemporaine et plus généralement du technopouvoir, ce régime néolibéral d'obéissance fondé sur l'organisation de la technique[1] : transformer les victoires

1. Diana Filippova, *Technopouvoir. Dépolitiser pour mieux régner*, Les liens qui libèrent, 2019.

individuelles en défaites collectives, et ce faisant, dégager des lignes de fuite imaginaires qui parviennent à nous convaincre de notre autonomie.

Ce constat désabusé est un passage obligé, car lui seul nous permettra de saisir les dynamiques à l'œuvre. Avant de fuir le monde, encore faut-il le cartographier, en cerner le relief, les anfractuosités ou les limites. Autant de repères topographiques incarnés par les dispositifs qui nous entourent. Il y a trente ans, Cornelius Castoriadis formulait déjà cette épineuse question : « Si l'on ne sait pas où l'on veut aller, comment et pourquoi choisir un chemin plutôt qu'un autre ? » Qui, parmi les protagonistes de la technoscience contemporaine, sait vraiment où il veut aller, non pas du point de vue du pur savoir, mais quant au type de société qu'il souhaiterait et aux voies qui y mènent ? Comment et pourquoi, dans ces conditions, refuser un chemin large qui s'ouvre apparemment devant vos pas[2] ? » Cette tension non résolue entre la carte – ce qu'est ce livre – et le territoire – ce qu'entend explorer ce livre – s'accompagne d'une opposition toujours aussi actuelle entre le « faisable » – si ce n'est l'irrémédiable – et le « souhaitable[3] ». C'est aujourd'hui l'objectif stratégique des industriels de la biométrie et des États qui comptent sur leur bonne santé économique pour rester dans la course sans fin de l'innovation : faire en sorte que la société veuille ce que la science

2. Cornelius Castoriadis, *Le Monde morcelé. Les carrefours du labyrinthe, III*, Seuil, 1990.

3. Cornelius Castoriadis, *op. cit.*

peut, sans se poser de questions. Pour imposer la reconnaissance faciale, les gouvernants comme les fabricants parlent volontiers d'« acceptabilité ». Ce sabir bureaucratique donne l'illusion du choix, dessine la possibilité du débat, mais ne saurait décrire avec acuité ce dont il s'agit : une coercition pure et simple, que ce vocabulaire lénifiant s'efforce précisément de dissimuler.

Si le contrôle social, nous avons eu l'occasion de le voir, est apparu avec l'État moderne il y a plus de trois siècles, les mutations les plus récentes de la surveillance – où le privé et le public s'interfacent jusqu'à se rendre indissociables – se sont opérées à une vitesse prodigieuse. Rendons-nous compte : il y a encore dix ans, certaines technologies de pistage aujourd'hui en passe d'être généralisées n'avaient jamais franchi la porte des laboratoires de recherche. Ce monde jeune, dans lequel ma génération, celle née à la charnière des années 1980 et 1990, a été plongée d'autorité, a su imposer ses normes à une cadence infernale. S'opposer à cette vélocité, c'est – dit-on chez les indécrottables optimistes du progrès – prendre le risque d'être enfermé dans le rôle du réactionnaire technophobe qui, l'air renfrogné, soupire que c'était mieux avant. Mais s'opposer à cette vélocité, c'est aussi prendre son temps pour mieux nommer les variations de son environnement, en jouissant de la fonction modératrice du langage face à l'anomie des dispositifs. Pour le dire prosaïquement, si l'on veut rendre la surveillance visible pour mieux la déconstruire, alors il faut en parler, la disséquer, la dépiauter, la décortiquer, la soupeser et l'examiner sous toutes les coutures. Ralentir le rythme est à ce prix. Déterminer la destination politique que l'on souhaite rejoindre également. « Nous n'avons pas besoin de quelques sages », écrivait encore feu Castoriadis. « Nous avons besoin que le plus grand nombre acquière et exerce la sagesse – ce qui à son tour requiert une transformation radicale de la société comme société politique, instaurant non seulement la participation formelle, mais la passion de tous pour les affaires communes[4]. » Le projet est aussi nécessaire qu'il est ambitieux, et il convient de le marteler : la surveillance est une affaire commune. Il faut s'y mettre à plusieurs – à deux, à mille, à cent millions – et alors œuvrer pour imposer aux dispositifs la lumière qu'ils abhorrent tant, tel un vampire face au soleil. Nommer les courtiers en données, identifier les marchands d'armes numériques, questionner et questionner encore Facebook, ouvrir les entrailles des ordinateurs, se mettre en travers, perturber le trafic, s'asseoir et regarder.

Après la société disciplinaire de Foucault, après la société de contrôle de Deleuze, nous sommes aujourd'hui entrés dans la société de la trace et du signal. Non seulement « on n'en finit jamais avec rien », comme l'écrivait Deleuze, mais l'atomisation couplée au profilage nous entrave et nous isole les uns des autres. Peut-être devrions-nous alors contempler ce sentiment d'aliénation et d'internement – je suis certain qu'il est très équitablement distribué dans nos sociétés occidentales – avec ce regard pénétrant. Que cette société de la trace se dévoile maintenant n'est

4. Cornelius Castoriadis, *op. cit.*

pas un hasard : nous sommes aujourd'hui dans un grand moment de l'identité, des riches débats sur le genre aux affrontements sur l'immigration. À l'échelle de la surveillance comme à d'autres niveaux du débat public, la tension est à son paroxysme entre celles et ceux qui veulent imposer une assignation informatique et celles et ceux qui cherchent coûte que coûte à y échapper en protégeant leur subjectivité de cette intrusion protéiforme. C'est dans ce contexte qu'il faut replacer les territoires de la surveillance que je décris et les rapports de force qui s'y déploient. Oubliez un temps les délibérations autour de données qui ne semblent intéresser personne : c'est de vous, de moi, qu'il est question. Si la société de la trace est celle du profil, cet autre nous qui est aussi un autre que nous, alors l'informatique se fait véhicule d'une identité dont il devient impossible de se débarrasser. Invisibles, ubiquitaires, des dispositifs dissimulés nous invisibilisent à leur tour, démontrant la part croissante de l'algorithmie (et donc des mathématiques) dans la construction sociale des individus. En 2017, deux chercheurs de l'université de Stanford ont mis au point un programme capable – disent-ils – de détecter automatiquement si un individu est homosexuel[5]. Publiée dans le *Journal of Personality and Social Psychology,* leur étude a analysé plus de 35 000 visages de femmes et d'hommes publiés sur un site de rencontres américain

5. Yilun Wang et Michal Kosinski, « Deep neural networks are more accurate than humans at detecting sexual orientation from facial images », *Journal of Personality and Social Psychology*, 2017.

(mais uniquement des visages blancs, et aucune personne trans ou bisexuelle). En utilisant des réseaux de neurones inspirés par le fonctionnement du cerveau humain, ils ont ravivé les sombres heures de la physiognomonie, cette pseudoscience amie des totalitarismes qui prétend déduire la personnalité d'un individu à partir de l'observation de ses traits. Ainsi, les scientifiques écrivent que les hommes homosexuels « ont des mâchoires plus étroites, des nez plus longs et des fronts plus larges » que leurs alter ego hétéros. Et de conclure que « les réseaux de neurones sont plus précis que les humains dans la détection de l'orientation sexuelle à partir de photos de visages ». Il y a quelques mois, un entrepreneur spécialiste de la vision par ordinateur m'imposait une expérimentation similaire : « Si vous deviez mettre au point une intelligence artificielle capable d'identifier un gay, quels critères prendriez-vous en compte ? » Devant mon air interdit, il avait fini par partager avec moi le fruit de ses réflexions. « C'est une question de mode », avait-il alors affirmé, m'expliquant le plus sérieusement du monde que « les homosexuels se prennent en photo en plongée, alors que les hétéros préfèrent les selfies en contre-plongée ». J'imaginais alors le pouvoir tchétchène, obsédé par la chasse aux homos, déployer un système capable d'automatiser ses velléités d'épuration en moulinant indéfiniment Instagram. Si vous prenez l'étude de Stanford à la légère, pensez à ceci : Michal Kosinski, son coauteur, est l'un des deux chercheurs dont les travaux sur la psychologie cognitive ont été utilisés par Cambridge Analytica pour inférer l'orientation politique, religieuse ou sexuelle des utilisateurs de Facebook à des fins politiques[6]. C'est dire si ce nouvel art de la divination, même expérimental, a pénétré profondément la technostructure.

La nécessaire discussion au sujet des biais discriminatoires des algorithmes – contre les Noirs, les femmes, les pauvres, les homosexuels – ne doit alors pas oblitérer la question cruciale dont elle découle : comment se débarrasser de cette obsession de l'identité, qui voudrait s'assurer que chacun est à sa place ? C'est ici que le défrichage technologique d'entrepreneurs bien trop curieux rejoint le projet politique qui leur donne les coudées franches : puisque notre « société de vigilance », nos *safe cities* et nos appartements connectés sont obsédés par la mesure permanente des signaux faibles, notre environnement est devenu intolérant au secret et à l'imprévisibilité, tel un organisme vivant immunodéficient face à ce qu'il est incapable de calculer. On pourrait alors y voir un aveu de faiblesse, l'*ultima ratio* d'un régime de pouvoir qui ne dispose de rien d'autre pour perdurer. Et si, rengorgés de nos intimités inattendues, nous saisissions ce moment clé pour faire chanceler un édifice plus fragile qu'il n'y paraît ? Pour déterminer les objectifs de cette *affaire commune*, il convient de politiser les dispositifs. Pour y parvenir, une seule option : les faire apparaître en pleine lumière.

6. Issie Lapowsky, *The Man Who Saw the Dangers of Cambridge Analytica Years Ago,* Wired, 19 juin 2018

Index

Remerciements

À mon éditrice, Amélie Petit, qui a rendu possible cet ambitieux projet.

À Céline Jézéquel et Marie-Édith Bernard pour leur relecture attentive.

À ma famille, évidemment.

À Guillaume, Yves-Marie et Lisa, pour leur indéfectible amitié, leur patience et leurs précieux conseils.

À Léa, pour ses annotations intransigeantes.

À Ouessant, Marseille et Ny-Ålesund, où ce livre a grandi.

À Owni, où tout a commencé, et Télérama, où tout se poursuit.

À Signal, ProtonMail et PGP, mes alliés du quotidien.

À la Quadrature du Net, l'Electronic Frontier Foundation, l'ACLU, Privacy International, la FIDH et les autres, vigies nécessaires d'un monde inquiétant.

À la mémoire de Solange, Robert, Thérèse et Georges.

Table

Shoshana Zuboff
The Age of Surveillance Capitalism

Zucked
Roger McNamee

Megvii face Reco

total surveillance state (china)
open Jail
Nury Turkel
lawyer of Uyghur human Rights
57 countries - China
A china has a large skin to spread his technology and influence around the world
Nicholas Thompson - live Wired

Ai superpowers

Composition : In Folio

Achevé d'imprimer en décembre 2019 par Corlet Imprimeur — 14110 Condé-en-Normandie
Dépôt légal : décembre 2019 — N° d'imprimeur : 19110683 — *Imprimé en France*